Diary for Inexperienced Team Leader

初级
领导力系列

K组长的管理日记

(韩) 文在承 **著**　徐倩影 **译**

中国电力出版社
CHINA ELECTRIC POWER PRESS

U0735173

图书在版编目（CIP）数据

K 组长的管理日记 /（韩）文在承著；徐倩影译 . — 北京：中国电力出版社，2014.4
ISBN 978-7-5123-5564-4

Ⅰ . ① K… Ⅱ . ①文… ②徐… Ⅲ . ①企业管理 – 经验 – 韩国 Ⅳ . ① F279.312.63

中国版本图书馆 CIP 数据核字 (2014) 第 032085 号

Original title: K 팀장은 삼각김밥을 좋아한다

DIARY FOR INEXPERIENCED TEAM LEADER

Copyright © 2010 by Moon, Jaeseung

All rights reserved.

Original Korean edition was published by Dasan Books Co., Ltd.

Simplified Chinese language edition © 2014 by China Electric Power Press

Simplified Chinese language edition is published by arrangement with Dasan Books Co., Ltd. through

Imprima Korea Agency & Qiantaiyang Cultural Development(Beijing) Co., Ltd.

京权图字：01-2013-6129

中国电力出版社出版、发行

北京市东城区北京站西街 19 号　　100005　　http://www.cepp.sgcc.com.cn

责任编辑：董小梅

责任校对：常燕昆　责任印制：邹树群

北京博图彩色印刷有限公司印刷·各地新华书店经售

2014 年 4 月第 1 版·2014 年 4 月北京第 1 次印刷

700 mm × 1000 mm　16 开本·14.5 印张·143 千字

定价：35.00 元

敬告读者

本书封底贴有防伪标签，刮开涂层可查询真伪

本书如有印装质量问题，我社发行部负责退换

版权专有　翻印必究

出版者的话

"初级领导力系列"适合任职 1~3 年的初级管理者，以及即将被提升为管理者的普通员工阅读。该系列精选国外一些知名企业或有优秀管理能力的初级管理者、知名管理大师的原创作品，力图从多个视角展现初任管理者所遭遇的困惑，同时更重要的是，与广大国内读者分享他们的管理心得和方法。

鉴于初级管理者的领导力尚不成熟，需通过大量实践不断提升，故该系列封面采用土黄色，即大地的颜色。管理者在此阶段要打好基础，并学习大地厚德载物的精神，就像植物在泥土中生根发芽一样。

希望本套丛书的出版能够给读者带来有益的启发和帮助，也希望广大读者能给我们提供宝贵的意见，帮助我们更好地完成这一工作。如果您也有自己的故事，欢迎与我们联系。

序言

从成为领导者的瞬间起，
一切都不同了

　　相信很多人都不会忘记第一次拿到驾照时的激动、兴奋。想象着迎着凉爽的风开车行驶在宽阔的高速公路上，如同电影中的画面一般。然而一旦真的握住方向盘时，才会领悟到现实中的世界和想象中的是截然不同的。汽车移动的瞬间，满满的信心立刻消失得无影无踪，那种"风驰电掣"的速度使恐惧感急袭而来。拐弯时，不知如何控制方向盘。换道时，更是手足无措。如果后面有汽车鸣笛，全身都会变得僵硬，脊梁骨直冒冷汗。停车时，反复前进后退，经常会超过 10 分钟，最终还是不得不放弃，寻求旁人的帮助。

　　任何人都会有新手时期。只有拥有了那些不成熟、反复犯错的经历，自信才会一点儿一点儿慢慢积累起来，到了一定时候，开车就会自然而然地得心应手。新手时期意味着失误不断。然而如果能够努力练习，克服失误的出现，避免犯同样的错误，总有一天会达到高手的境界。犯错本身就是学习的过程。

优秀的领导者也有新手时期。他们也犯过许多错误，经历过很多次失败。他们也是普通人，也会失误，也会后悔；有时，也会很脆弱，也会意气用事。不成熟的经历和苦恼随着时间推移被慢慢积累下来。因此就算经常犯错，也没有必要气馁，更没有必要过分自责。因为今天的失败和错误会成就明天更优秀的自己，一年之后，我们将会感叹自己的成长。

然而，就算经验丰富，也不意味着就能成为优秀的领导者。昨天还只是努力完成自己工作的小职员，从今天起却要担负起管理的职责，这种身份的转变实属不易。

在初冬的一天，我被晋升为中层管理人员。虽然对这一刻期盼已久，但事情来的突然，也让我深感惶恐、不知所措。上任第一天，我什么也没有做。虽然《管理手册》上明确指出了一些规则和方向，告诉管理者应该怎样做，但是在日常工作中应该如何具体运用，我还是毫无头绪。

于是，我开始写日记，准确地说，用来记录和回忆当天所发生的事情。在日记中记录自己作为管理者哪些事情做得好、哪些事情做得不好，以及怎样做才会做得更好。我想以此来督促自己尽最大努力做好每一天，并确保一天比一天做得出色。

一开始非常糟糕，不管做什么事情都漏洞百出，充满了挫败感，一天之中几乎没有做好一件事情。我感到自己的领导资质就如同大型仓库中飘浮的微小灰尘，根本看不到任何希望。即便如此，我还是坚持每天写日记，想成为受人尊重并且能够担当重任的优秀管理者。虽然生疏，但我将失误作为学习的机会，记录当天的失误，并下定决心绝不犯同样错误。

作为公司的中层管理者，怎样做才有助于所有员工呢？如何使员工在公司得到满足的同时，又能如期达成上司所期待的结果？这些疑问正是管理新手所苦恼的事情。其实，在作为员工的时候，经常会在各种酒场以嘲笑上司为乐趣，讥讽他们的弱点。然而，一旦自己坐到那个位置，才深切体会到前辈们的付出与努力。他们是如此高大，有些人甚至很伟大。

这本书记录了我作为领导新手所经历的横冲直撞的瞬间和切身感受。因为缺乏经验，我在工作中有很多磕磕绊绊和不熟练的地方，有时因为没有迎合后辈们的心意使其受到伤害，有时自己也会受到伤害。我为此曾感到很惭愧，不知道如何是好。但是，我相信通过无数次犯错和反省，今天会比昨天更熟练、更出色，因为我相信熟练和出色是体验和苦恼的产物。

本书以记录日期、事件、反思等内容的日记形式分享我所领悟到的心得，同时还将分享我在管理中所摸索出的几种管理方法，有兴趣的读者可以在实际工作中运用一下。希望这些经验和反省能够给刚刚升职、处于困境的领导新手和正在朝管理这个方向努力奋斗的人们，提供心灵共鸣和慰藉，并指引他们走向更美好的未来。

目录

结语　只有当了领导，才能体会领导的辛酸

成为领导者的瞬间

颤抖

机会悄无声息而来，成为管理者的瞬间也是如此。暂时的喜悦过后，领导新手开始在繁忙的工作中思考"什么是领导"。

要担负起整个团队

温暖如春的天气已持续了几日。

阳光透过 10 平方米的 TFT（特别工作小组）办公室南侧的落地窗洒进来，如丝绸般柔和。新员工蜷缩着坐在墙角处的椅子上，晒着暖暖的阳光，睡眼蒙眬。这时，一个后辈走进来，说部长找我。于是，我走进办公室一侧的候客室，五张留有岁月斑驳痕迹的旧沙发映入眼帘。门口的桌子上并排放着分别装有咖啡和绿茶的一次性杯子，饮水机里还剩约半桶水。

"明年你来负责管理教育组。"部长一上来就对我这样说。

听到此话，我目瞪口呆。虽然正值年末，关于人事调动的事情传得沸沸扬扬，但是并没关于我的传闻。再加上，我虽然有经验，可进入公司还不到一年，所以根本就没有想到会升职。现在我竟要被提升为组长？

我在原来的公司有过三年管理课题组的经验。那时，我经受着"必须要拿出成果"的巨大压力，至今还记忆犹新。身居高位就要负责任。可领导者不仅要对自己的工作负责，还要对团队的成果负责。虽然部长对小组管理提出了这样那样的建议，但是我的耳朵嗡嗡作响，一句话也没听进去。

拉开百叶窗，我凝神望着窗外。从被厚玻璃隔断噪声的五层办公室中向外望去，这个城市好像上演着一场无声电影，画面安静地移动着。我的视线固定在按照信号灯井然有序移动的车辆上，但没有焦点。我陷入了苦闷。成为公司的一个领导，我心中虽然洋溢着激动与喜悦之情，但是"我能做好吗"这种茫然的恐慌感在头脑中却怎么也挥之不去。随着时间的流逝，几个一同进入公司的同事已经成了领导，说实话，我也很期待升职。但是当梦想真的成了现实，我却感觉很恐慌，脑袋像缠绕在一起的线团一样复杂。

我站在课程开发室旁边资料室的书柜前面。《科长晋级教育》《新上任组长教育》《目标管理教育》《评估管理》《指导技能》《组长成果管理》《建立高成果的组织》《高级沟通技能课程》《管理基础课程》……那期间需要我亲自开发或运营的与领导力有关的教育课程教材和资料，整齐地排列在书柜正中央。旁边是《以原则为中心的领导》《管理问题》《感性领导力》《仆人式领导》《小组心理培训》《流水线管理》《伟人的足迹》《CEO 希丁克》《LET》《WOW 项目》等与提高领导力和小组成果有关的书，塞满了整整五个书柜。

任职期间，我将一边接受教育，一边接受上级对我不断提出的要求。在这一过程中，我还会体验到为什么我们公司的领导很难将所学的东西付诸实践。首次担任管理者肯定会有很多失误，也会做出一些轻率的举动，有时会给后辈带来伤害，有时自己也会受到伤害。而这些经历会使我做得更好，更熟练。我将切身体会领导者所经历的各种状况，我相信我会更加成熟。这一切都将成为我迈向优秀管理者行列过程中进行磨炼的宝贵机会。

认真负责地对待每一次小任务，接受大任务时就会减少失误，完成得更加出色。

　　我经常会自我安慰，没有人一开始就会做得很好，慢慢就会好起来的。也并不是所有领导者一开始都会做得很出色。他们刚开始时也会像我一样茫然、恐慌，也会有很多失误，有时也会犯一些不该犯的错误。

　　无论何时，部长都是我坚强的后盾。每当身处逆境时，我都是在部长的指导和帮助下克服一切困难的。有优秀的良师做后盾，还有什么好担心的？一想到这儿，我就觉得很踏实。最终，我还是决定担负起上级所赋予我的职责。此时，我心潮澎湃，热血沸腾。

变成领导之后的那些不同

　　新年假期结束后的第一天，窗外吹着刺骨的寒风，办公室里却温暖如春。我一边喝着咖啡，一边查看这个月的工作计划，然后整理了一些要审核的资料。咖啡的香气沁人心脾。寒风拍打着窗户，发出巨大的响声，但是办公室里却很安静。

　　过了一会儿，组员们陆续来上班。我招着手，打招呼。

　　"你好！"尚日微笑着回应了我。

　　但是，接着进来的两个女职员表情很微妙，她们嘀嘀咕咕地说着什么，然后坐到了自己的位置上。其中一名女职员总是用眼瞟我，但一和我对视，就立刻转过脸去，假装自己在忙。上周五，我换了位置。部长的桌子就在前面，而我的位置则朝向组员。因此，我能把他们的一举一动都看得清清楚楚。每天面对着组员，看着他们的一举一动，我感觉非常别扭。收拾好东西后第一次坐到这里的时候，我既难为情又尴尬。早上和我打过招呼的女职员们也好像因为我的到来而感到不自然。

　　走廊里一阵乱哄哄的声音，组员们一窝蜂地涌了进来。

　　"啊，你好啊。现在连位置都换了，看起来和我们好疏远哪。"姜旭扯着他的大嗓门，半开玩笑似的说着。

6

"什么啊，一点都没变，你别瞎说。"我一边附和着，一边假装朝他挥动拳头。

组员们都笑了，虽然是一句玩笑话，但我心里却产生了微妙的变化，有一种和他们疏远的预感。

"管理者"这个词本身就会使人们产生距离感。管理者和被管理者之间有一道看不见摸不着的墙。与其说是管理者，我更愿意成为和他们一起工作的人。事实上，我和他们做着相同的工作，只是发挥的作用不同而已。

成为中层管理人员，还是有一些变化的：调换了位置，得到了《管理手册》，也办理了法人信用卡，开始参加管理者会议，也具有了审批权力。第一次审批组员们拟订的电子文件时，我的心情很微妙。曾经每天提交审批文件的我，现在要审核后辈们的报告书，确认后还要向部长进行汇报。作为中层管理者，这是理所当然要履行的职责，但是不知为什么，我却感觉很难为情。第一次对电子材料进行审批时，我的手一直在发抖。这种状态持续了很长时间。

在众多变化中，最伤神的还是后辈们的目光。昨天还和我开玩笑、打打闹闹的后辈们，在我升职为中层管理者之后，好像刻意和我保持了一定距离。不知从什么时候开始，后辈们变得对我恭恭敬敬，有些组员在我一走近时就会立刻变得很拘谨。这些变化都让我感到很恐慌。

虽然有些事情最终会传到我的耳朵里，但是和以前不一样，组员不再什么事情都告诉我，他们会隐藏一部分事实。因为他们把我划分为"管理者"，在一定程度上保持了戒心。我在成为管理者之前，和他们属于同一类，因此我们可以一起揭露管理者的"恶行"，而现在我却成为了他们要保密的对象。他们担心向我说了之后，我会向其他管理者打小报告，影响他们在管理者心中的形象。在关系亲密的同事看来，他们也会沦落为时刻关注同事动态的"奸细"。因此，他们在我面前要注意自己的言行。我宁愿认为一切都没有改变，可事实上那只是我自己的错觉。这真的让人心寒。虽然还是经常和他们一起开玩笑、打打闹闹，却无法消除我们之间的距离感。

仔细想想，管理人员经常会不考虑员工的感受而作出决策。对于这样的行为，我也很不满。所谓管理者的这群人到底知不知道员工在想些什么，有哪些烦恼和苦衷。就连与员工同呼吸共命运的初级管理者也垒起了一道无形的墙，与员工渐行渐远。管理者职位越高，和员工的关系就越疏远，关于员工的信息知道的就会越少，因此他们的言行或决策如果不切实际，也是意料之中的。

因此如果想要发挥好领导才能，就要走近员工。与其等待他们走向我们，不如我们先迈出第一步去靠近他们。不管借用什么形式，在工作的过程中要经常接近员工，倾听他们的心声。职位高的管理者应率先打破阻隔在管理层和员工之间的无形之墙。有时心里可能也会不情愿，就算如此也要去做，因为那也是领导者的工作。

升职之后，有一点我很喜欢。以前对我（当然肯定不是只针对我）很冷淡的女职员，在我升职后，对我的态度发生了 180 度大转变，突然变得对我恭恭敬敬。我虽然一开始有些惶恐，内心却是无比高兴。尽管有很多负担，但是一想到升职居然还有这样的好处，我就会喜不自胜。

清了又清，数不清的琐事还是如暴雪般砸下来

那是一个虽是冬日却温暖如春的一天。但是到了晚上，可怕的大风呼啸着，敲打着门窗。

第二天一上班，我就打开《业务手册》。今天要处理的事情就像要挤破纸张一样满满当当地列在手册上，黑压压的字就像在上班时挤上满员的公交一样，在狭窄的空间里歇斯底里地挣扎。自己像在高温潮湿的空气中被捆绑了一样，脖子被狠狠地勒紧，胸口憋闷。前不久一有时间还能欣赏一下窗外的风景，最近却忙得都忘记了窗户的存在。

以前我只需要对自己的工作负责，现在对小组中发生的所有事情都要负责。一天之中会有大量的新任务出现。对于这些工作，全部都要进行审核和检验。工作不断地堆积，永远没有结束。就如同持续降临的暴雪，无论怎样清除也清除不干净。我甚至都感觉到奇怪，每天从哪儿来的这么多工作。每天都会有新工作，几乎没有一天例外。

上级又将质量教育和营业、市场教育等业务移交给我。本来工作量就大，现在又要负责不熟悉的业务，真是不知所措。再加上，今年还要制订小组管理计划、组员能力提高计划等，摆在眼前的工作就不止一两件。除

此之外，还要召开小组会议。针对今天第一次来上班的新员工，还要制订在职培训计划，并组织面谈。不仅要组织部门研讨会，还要为制订质量教育计划而召开的会议做准备。在这繁忙的工作之余，今天还抽身参加了新年聚会，两三个小时就这样悄悄地溜走了。明天和后天还要联合外部企业，召开以全体员工为对象的管理理念教育课程开发的研讨会，因此必须完成今天的工作。总之，今天这一天要完成堆积如山的工作。但是，从哪儿开始做起，真是毫无头绪。

为了清醒一下头脑，我走出了大厦。虽然这个冬季温暖如春，但是冬季到底还是冬季。一阵寒风吹过脸颊，钻进了衣服中。突如其来的寒冷使我不禁打了一个寒战，我用尽力气吸吐着寒风。反复几次之后，吐尽污浊的空气。寒冷的气息深入血液，蔓延全身，此时我感到神清气爽。

成为管理者之后，需要完成的工作就像飞扬的灰尘扑面而来，数不胜数：不仅要认真监督进入公司未满两年的新员工的工作，而且需要参加的会议也越来越多。在开会前要准备资料，会议结束后还要整理一些东西。这些烦琐的事情让我更加慌乱。刚完成这边的工作，那边又出现新的工作，简直顾暇不及。

我的心情总是很焦躁，长期处于紧张状态。头脑中像有股电流通过，神经始终绷得很紧。下班时间越来越晚，不知道该怎样合理安排时间。

一开始为了不漏掉需要做的事情，我在笔记本上认真列出了工作清单。每完成一项工作，我就在清单的后面画个圆圈。没有完成的工作会重新列在第二天的工作清单中。但是时间久了，今天要做的事情和昨天没有完成的事情慢慢被积累起来，每天需要做的工作总是堆积如山。

还有一种方法是推迟下班时间。因为要做的工作很多，所以我就想到了延长上班时间。但是不久之后，我就发现这样做效率并不高，工作就像个无底洞总也做不完。虽然长时间工作可以多处理一两件事情，但是熬夜工作并不可取。

只能换其他方法。早上早点儿去上班，到达办公室之后，首先在笔记本上将当天要处理的事情全部罗列出来，根据重要性和紧迫性进行分类。其次将紧迫的事情按顺序重新排列，重要的事情也按顺序重新排列。这样做之后就分为我必须去做的事情和可以委托给别人的事情，可以委托给别人的事情就果断放手。最后给各项工作安排时间。对于用时较长但是很重要的事情(例如，制订小组年度计划等)安排好时间，将其记录在日程表中，并且确保这段时间不被其他事情所占用。将需要集中精力的事情安排在上午，而将需要给某人打电话或亲自接见某人的事情、通过会议要处理的事情尽可能地安排在下午。制订计划或者教育课程设计等需要全神贯注去做的事情，尽量在头脑清醒的时候去处理。

这确实很有效果。特别是对不同事情的分配时间，有利于提高工作效率。要处理的工作量并没有发生变化，但是通过有效利用时间，可以得到心理上的安宁。为了处理眼前的杂乱工作而忙得焦头烂额时，我会独自待在某个地方，不去顾及周围的人和事，这样做可以不被打扰，保持头脑清醒，从而游刃有余地去处理自己及组员们的事情。

　　我想起了金政允教授说过的话："战事艰难，将军像名普通士兵一样，在战场上四处奔跑，持枪杀敌，像这样的军队必然全军覆灭。在山上观察部下的动向，领导指挥整个军队，这才是将军的职责。而步兵的职责则是持枪杀敌、与眼前的敌军进行正面厮杀。两者是不同的。战事越艰难，领导者越要养精蓄锐，保持从容的态度。领导者需要一个能够将局势转危为安的思考空间。"

提前一小时到岗

　　七点零三分。今天我最早来到办公室。金次长出差期间，我是来的最早的。以前每天早上来到办公室时，总会看到金次长坐在自己的办公桌前看书，就会感叹"金次长真是一位严谨自律的人啊"，钦佩之情油然而生。成为管理者之后，我也要保证比我的组员提前到达办公室。早到一个小时，可以不受打扰，确保有安静、自由的时间来回顾前一天的工作，充分安排当天的任务。

　　事实上，为了有效安排组员们的工作，对于他们现在所做的工作需要有充足的时间来考虑。如果不这样做，就很难做到准确审核组员们所制订的各种计划书、报告书、教育课程设计或开发课程，也就很难确保工作朝正确的方向进行。当然，有的员工工作经验丰富，但这并不能保证他的工作质量。再加上，我还要管理一些生疏的领域，所以需要更多的时间去熟悉业务。因此，我决心提前一小时到岗，安排一天的工作，思考正在进行中的事情。

　　电脑启动期间，我冲了一杯咖啡放在旁边，闻着空气中弥漫的咖啡香气，或许这也是一种幸福。早上一睁开眼，我就打开电脑，等待着生命的气息弥漫于电脑的各个配件，对此我情有独钟。我最喜欢万物开始苏醒的清晨。倾听着万物苏醒的声音，我感觉自己还活着。早上不会受到任何妨碍，我坐在安静的办公室，享受着只属于我自己的时间，在空荡荡的房间中尽情享受所拥有的自由和悠闲。

早上早点儿上班，好处很多。首先，不堵车，开车很顺畅。如果晚点儿出发，黑压压的车辆就会塞满整个街道，长长的队伍望不到边际，车根本无法移动，只能在焦急、紧张和压力下开始新的一天。而现在，我却可以一边开着车，一边呼吸着新鲜空气，心情无比舒畅。

其次，打开办公室的门，会闻到空荡的办公室中还留有昨天的味道，这是一种很奇妙的感觉。有的桌子上还摆着昨天晚上未读完的书，而有的桌子上则堆满了各种各样的材料。被标记得花花绿绿的书和资料杂乱无章地摆在课程开发办公室，依然还留有职员苦闷的痕迹。这与深夜在空荡荡的办公室所看到的场景是截然不同的。深夜的办公室充满着一天的疲劳，给人一种沉重的感觉；而早上的办公室富有朝气、生机勃勃。

早上神清气爽、精力充沛，可以多工作一小时。一到下午，总是感觉头脑不清醒、身心疲惫。因此，早上能比别人多工作一小时，我乐在其中。

在正式工作之前先安排好一天的工作，一天都会有条不紊。仔细清查当天所要做的事情，以防漏掉重要的工作。在上场之前就做好万般准备的选手和上场之后才做热身运动的选手进行比赛，显然胜负已分，这其中的道理是一样的。

在如今这个社会，对于勤劳者的认定有一定的附加效果。晚下班一小时和早上班一小时，实际上工作时间是一样的。然而，人们倾向于认为早上班一小时的人更加勤劳。

今天早上，我思考了一下有关团队管理的问题，团队管理过程就是让团队成员心悦诚服的过程。只有使他们心悦诚服，才能取得非凡成果。管理的真谛就在于爱，爱才能打动人心。没有爱作为前提，任何事情都无法达成。就算能够达成，也维持不了多长时间。那么，我究竟扮演着什么角色？

要帮助组员实现符合其本性和能力的"梦想"。只有这样，才能点燃他们内心的工作热情。当组员们的热情碰撞在一起，将会掀起巨大波澜，最终将会取得辉煌的成就，如此一来，无论是个人还是团队都会收获成功。为了那一刻，我愿贡献自己微薄的力量。

专家与管理者之间平衡的学问

　　我坐在驾驶座椅上，准备开车回家。汽车座椅紧紧包裹住我的身体，感觉很舒服。这个座椅很适合我的体型，像是为我量身定做的。上车后，四周突然很安静，像进入了有隔音效果的播音室。我深吸一口气，然后慢慢呼出去，平静了一下心情。

　　这一天都不知道怎么过去的。早上上班后，冲了一杯咖啡放在桌子上，在办公桌前坐着坐着抬头一看，钟表指针已经到了"12"上。这么快就到中午了。吃了中午饭，只开了一个会，就到晚上了。简单吃了个饭，时间又不知不觉溜走了……我突然感觉时间好像在空气中蒸发了似的。

　　今天做了什么，这么忙？仔细想了想，竟没想到什么。只是忙得一塌糊涂，具体做了什么并不清楚。昨天是这样，上周好像也是如此。就这样度过了一天、两天、一周、一个月，却感觉毫无收获……一种挫败感油然而生，浑身毫无力气。

　　如果再这样下去，我将会怎样？整日虚度光阴，也许有一天会突然醒悟，我到底走到了哪儿？会不会在我身上再也找不到一点专业性，只是整日拖着疲惫的灵魂工作，用羡慕的眼光望着那些走在我前面的人？想到这些，我感到很恐慌。

自从成为组长后，我就再也没有接触过实际业务。与其说是完全放手，还不如说是不再亲自去做像收集资料、制订计划书或教育培训辅助材料等工作。现在我的主要任务是审核后辈们制订的计划书或教育资料、确保工作进行的方向以及监督指导组员的工作。当然，时而也会在会议中参与部门的一部分运营管理。远离了实际业务，虽然我管辖的工作范围越来越广，但深度反而越来越浅。如果将一天二十四小时比喻成一杯水，我一天的工作就如同把这杯水分别装到很多个杯子中，各个杯子中所装的水少得接近杯底。从物理角度来说，对一件事进行深度思考会花费很长时间。但在日常工作中，我们没有充足的时间进行深度思考，因此常常会靠自己的经验和直觉作出决策。

许多组员都想成为管理者。他们很向往远离实际业务、悠闲自在的生活，同时也很羡慕管理者能够自由调节自己的时间。但是我却认为这件事情并没有太大的意义，我的梦想是成为一名优秀的人力资源开发专家，现在却成了管理者，远离了实际业务，也不再参与有关项目，为此我很担心自己的能力会下降。我有一个做产品设计的同事，他的梦想是想成为一名有实力的工程师，升职为领导者之后，却慢慢地远离设计，为此他感到很遗憾。一想到十年后失去设计能力的他只能眼巴巴地站在设计专业的门口，他就感到很心酸。

虽然也有双重职业制度，但实际上很少有人能够升职到专门研究院。大部分升职的人都会远离实际业务，走向管理的道路。因此，对原来所具有的专业能力进行开发和运用的机会会逐渐减少，几年过后，对设计会毫无感觉。到那时，连后辈们都会对管理者的专业性产生怀疑，无视其实力。那时，员工还会信赖并追随他吗？我曾经也经常在心中无视无法为员工排忧解难的上司。有位管理者对自己的专业领域依然抱有很大的热情，时常参与有关工作，而把其他工作几乎全部托付给组员。虽然他对自己所负责的工作不太熟悉，但却能够全神贯注地研究自己所感兴趣的领域，保持自己的专业性。他也许能够作为某一领域的专家得到人们的认可，但却不是一个优秀的管理者。两种身份如何才能做到均衡？我叹了一口气。

我相信"漏斗理论"。我认为，一旦确定了明确的目标，所学的知识和积累的经验都必然和自己的目标密不可分。看似和目标毫无关系的经验或知识也一定要灵活运用。在刚进入公司时，我所负责的宣传工作和现在的人力资源开发在表面上看似乎毫无关系。但是，拟定舆论报道资料和编写新闻稿件的经验，对现在设计教育课程和开发资料有一定的帮助。向海外客户介绍公司情况和带客户参观生产现场时，所运用的演讲技巧和英语会话，也会成为现在推进教育课程和授课时的自信源泉。如此看来，我现在所扮演的所谓"管理者"的角色与我的目标密不可分。虽然有些生疏，但是我相信现在的这些经验以后将成为我人生中的宝贵财富。

管理者必须要具有不同于普通员工的能力。业绩出色的普通员工能够成为管理者，但是有些人并不能履行好管理职责。在一个团队中，经常会将工作出色的人提升为管理者，但是他们中有一些人并不具备能够履行好

管理职责所需的能力。管理也是一种工作，所以管理者必须具备能够履行

好管理职责所需的能力。

　　为了履行好上级赋予我的管理职责，我决心全心全意地去做好每件事

情。现在的管理经验，最终将成为我实现梦想过程中积累的宝贵财富……

领导者不是超人

"组长要明确本组的规划和目标；要扫清工作中的一切障碍；要激发组员们的工作热情；要帮助组员解决其个人困难；要支持组员，使其能够在自己的领域中茁壮成长；绝对不可以发火、大声斥责员工，要做好沟通……在所有方面都要做得完美无缺。"

为了收集以组长为对象的领导力教育课程开发的资料，我去拜见了平时比较熟知的几位组长，其中有一位组长向我哭诉上级和组员对自己要求太高了。工作要做得完美无缺，这是最基本的要求；为了消除员工的不满情绪，还要对他们多加关心，并通过面谈或非公开会议等形式来加强员工情感管理。当然，也不能失去在家庭中的完美形象。总之一句话，组员和上级都要求组长变成"超人"。

"组长要以完美的形象出现在组员面前，因为组员们不允许组长犯一点儿错误。哪怕是一丁点儿失误，对组长也是致命的打击。如果满足了组员的一个要求，他们又会提出其他要求。他们的要求简直无尽无休，如同往掉了底的缸中倒水，永远无法填满他们的欲望。"

管理者也是普通人，不可能做到十全十美，也会有失误，但组员们却不能容忍他的一丁点儿失误，对此管理者感到很心寒。

　　大部分组员对组长有很多期许。他们希望组长是一个外柔内刚的管理者，能够严于律己，理解、体谅员工。同时，他们还希望组长能够隐藏自己的苦衷，时刻鼓舞员工的士气。他们还列出了领导力图书中出现的热情、专业性、未来规划、积极性、公正性、弹性、主动性、员工培养、团队协作能力、关心员工等一堆词语。这是他们心中关于组长的完美形象。这样的组长不是普通人，简直就是神。

　　有一首歌叫作《超人的悲哀》，在这首歌中，妈妈要求爸爸像个超人一样，永远热情洋溢。同样，在公司中，员工也要求管理者成为超人，希望他们是用钢铁制造而成的人。然而，管理者是普通人，也会有失误，也会犯错误。但是，员工们却不能谅解管理者因业务生疏而犯的错误，他们认为管理者是不可以犯错的。在酒场中难道就不能不以取笑上司为乐趣？被取笑的上司难道就不是普通人吗？如果真的有完人，那么他也是冷漠无情的。我的处境也和那个组长类似，所以我对他所说的话产生了共鸣。

　　我现在开始走向称为"管理者"的道路。认识或不认识的上司和同事以及后辈，都会对我的举手投足进行评价，还会拿我和其他组长进行比较，同时也会对我提出很多要求，也许还会嘲笑我的缺点和弱项。他们也要求我成为超人。现在我才刚刚上任，就算我犯错或业务生疏，组员们也应该会原谅我吧。但是用不了多久，情况就会发生变化。他们的评价或要求也许会伤害到我，我还是很介意别人对我的负面评价的。明明知道他们并不是对作为普通人的我进行刁难，但如果他们指出我的错误，还是会感觉很惭愧。我平时虽然个性开朗、自信十足，但遇到这种情况时，也会变得很紧张，也会感到难为情。坦然处理好上司的责难和后辈的要求，我或许还需要花费很长时间。

管理专家约翰·麦克斯威尔的著作《领导力 21 法则》中提到，管理者应当接受批评。他在书中写到，观看田径比赛的人们根本就不会关注落后的选手，他们把视线全部集中在跑在前面的选手身上，而跑在前面的选手在成为人们关注焦点的同时，也无法避免别人的批判。他坦白道：曾经作为管理者的他，也只想享受称赞，不想接受批评；一旦受到批评，也会很气馁。他还献给所有管理者一些忠告：受到批评时，要反省自己，并且要努力地去改正，但是没有必要过分在意。时而接受这样的打击，反而会让自己比别人更优秀，因此他建议要笑着接受这些批评。

我在想，如果能够对组员敞开心扉、坦诚交谈，会怎么样？坦白地告诉他们，管理者并不是十全十美的，也同样是有弱点的普通人，然后寻求他们的帮助；坦诚说出自己的缺点和弱点，并和他们约定我一定会努力使自己变得更优秀；同时，请求他们提出一些建议，使我更出色，如有能够遵守的建议，当场向组员下承诺；对于很难接受的建议，向组员好好解释，并说出自己的理由，然后通过与组员坦诚交谈，寻找应对方案。处理人际关系，一定要敞开心扉、坦诚相待，除此之外，还会有更好的方法吗？坦诚相待不仅可以传递感动，而且可以使双方相互信赖。拥有杰出的领导力，追随者是必不可少的。因为领导力是相互作用的过程，而引领追随者同样也属于领导范畴。管理者需要有坦诚说出自己弱点的勇气，正是因为这份勇气才使我不断前进。坦诚交谈可以清除沟通障碍，如果管理者都能这样去做，任何公司都会形成一种可以增进感情交流的温暖氛围。

满怀热情，立即出发

春天

一年之计在于春，凡事追求完美的管理者此刻也野心勃勃，他们开始了自己内心的旅行。

产生积极的影响

　　两周前，因打了很长时间的网球，第二天没能起来，就休息了一天，除那次之外，我每周都去爬山。虽然是无名的低矮之山，但很适合一小时的运动量。昨天也打了很长时间的网球，今天浑身酸痛，不想早起，但是又觉得哪怕去散散步也好，就挣扎着从床上坐起来，穿上了宽松的裤子、舒适的长袖T恤和慢跑鞋。我很喜欢穿慢跑鞋，慢跑鞋与一周一直穿着的笨重皮鞋相比，简直轻如羽毛，穿上以后健步如飞。上坡的时候也丝毫感觉不到鞋的重量，就像走在软绵绵的云彩上面一样。倒春寒已持续了几日，土地冻得硬邦邦的。慢跑鞋踏在枯瘠的土地上，带起一片尘土，随风飞扬。今天大地好像不能承载我的身体，却还是默默地坚持着。

　　连续发威三四天的北风退去后留下的寒冷空气，侵入到我的身体中，像一把锋利的尖刀刺入我的心脏般疼痛。虽然准备了手套，却没有准备口罩，只能毫无防备地忍受刺骨寒风的袭击。

　　柞木树枝上的叶子在寒风中凋零，只剩下孤零零的树干。寒风还是依旧刺骨，但是我感觉照进树林的阳光比上周更加柔和。春姑娘好像在某个地方向大地撒了一把春的种子，枝头吐新芽很快就能随处可见。

　　我第一次是走上山顶的，第二次却是轻快地跑上山顶的。每当脚尖触碰到土地时，身体就好像接收到了反弹力，轻快地朝山顶方向跑去。这会使我感到身体还没有生锈，所以心情也很愉快，于是会更快速地摆动手臂，腿也紧跟着加快了速度。这时腿部肌肉开始紧张，我喜欢这种感觉。脚蹬大地，身体被向前推时，肌肉产生一种紧张感，这会让我感到自己还活着。松弛的腿部肌肉吸收了全部脂肪质，只剩下坚硬的筋骨，就如同拧在一起的粗绳，使大腿更加粗壮。

为了前进，一只脚要有力地踏在大地上，身体尽量向天空伸去。突然鼓起的肌肉将力量传给脚尖，当这种力量和大地接触时，会发出强有力的声音，从这种声音中我可以感受到生命的活力。一只脚与大地接触时，伴随着短促的呼吸声，再一次扬起一片尘土。前进就意味着克服重力，前进就是与将我困在原地的重力（懒惰或惯性）进行对抗的一场持续不断的斗争。

如同汽车气缸的爆炸力推动活塞一样，心脏开始剧烈地跳动，像是要喷出血来。距离山顶不远时，腿部肌肉越来越沉重，心脏像要爆炸般反复膨胀收缩。心脏剧烈地跳动，需要充足的氧气供给，因此呼吸也越来越困难。尽管寒风刺骨，我的身体却像是有团火焰在剧烈地燃烧着。到达山顶时，连吸气都很痛苦。每次呼吸时，都像是在心口钉钉子，那种压迫感让我感到全身麻痹。我想干脆直接躺在大地上，最后找到了一个树墩，坐下调整呼吸，嘴里艰难地呼出热气。过了一会儿，心脏跳动才慢慢恢复正常，呼吸也渐渐平稳了。

一生是由无数个一天组成的，而组成生活的最小单位则是被称作"今天"的一天。如果能充实地度过一天，晚上睡得也会很香甜。反之，如果虚度一天，睡眠质量也会下降。因此，一个人能够充实地度过每一天，那么他的人生也会丰富多彩。反之，如果一个人每天都碌碌无为，他的一生也毫无精彩可言。没有灵魂，精神也会很空虚。

我抬起头望着蔚蓝的天空，柔和的阳光洒向大地。很快，春姑娘就会到处播撒种子。柔弱的新芽将钻出地面、冒出头来，龟裂的树皮之间也将会溢出甜汁。金色的阳光传递温暖，娇艳欲滴的鲜花将会点缀整个世界。

春天就是掏出整个冬季封存在心中的东西并拂去灰尘的美好季节，是万物复苏的美好季节。

激发员工的积极性和鼓舞员工的士气，是社长工作中最重要的事情。一个公司中，如果员工有较高的工作积极性，那么它一定会有很好的发展前途。如果员工丧失了工作积极性，那么他们一定会有很多不满情绪。我认为，消除员工的不满情绪是社长应做的工作。这也正是为了更好地激发员工的积极性。

—— 山田昭男

未来工业社长

山田昭男社长相信如果员工士气饱满、工作积极性高，公司一定会茁壮成长。他认为，创造良好环境来提高员工的积极性，是社长工作中最重要的事情，并为此付诸实践。但激发员工的积极性、鼓舞员工士气，难道只是社长的工作吗？这也是企业中所有管理者应去做的工作。

有这样一句话："员工因喜爱的企业而来，因讨厌的人而走。"准确地说，是因讨厌上司而走，如此看来，上司或管理者对员工有很大的影响力。不管管理者愿不愿意，他都会对别人产生影响。影响力就意味着责任感，职位越高的人，责任心就要越强。无心之言或之举，也可能会给员工带去伤害。既然如此，管理者就要努力给员工带去正面影响，对因自己而发生的事情负责到底。管理者不需要亲自去工作，而是依靠组员来获得成果，因此，理所应当给组员带去积极影响。

为了充实空荡的头脑，我再次迈向"今天"。一年之计在于春，在这个美好季节，我的"管理之课"也正式拉开了帷幕。

公司的目标、我的目标和组员的目标

　　一月的日历上还依稀可以闻到墨水的味道，还留有刚拆包装时的新鲜感。依然崭新的日历上充满了业务生疏的 20 多岁小伙子的青涩。今年我一定要戒烟、要多做运动，这些新年决心依然还萦绕在耳边。所以在翻过一月日历之前，我认为还是新年。准确地说，我感觉过了大年初一，新年才正式拉开帷幕。而在职场生活中，却要在一月制订一年的工作计划。

　　最近，很多企业都引进了绩效考核制度，在年初根据员工目标达成程度，对个人取得的成果进行评估。年初的目标制定关系到一年能够取得多大成绩，因此对个人而言，它具有重要的意义。这次的新年假期一直持续到年末，所以目标制定期限延长到了二月初。

　　一到制定工作目标的季节，我就会被一些问题困扰。首先是"今年要做些什么才能养家糊口"的问题。我们小组的任务和作用虽然早已确定，但是内容需要比去年更胜一筹。重复去年所做过的事情，是不会得到好的评价的。因此，小组每年都为了变化上一年的工作内容，创造出新的东西而绞尽脑汁。

　　其次是"制定的目标有多大的挑战性"的问题。是制定以现在的能力能够轻易达成的正常目标，还是制定需要投入巨大精力及付出很多努力才能达成的具有挑战性的目标？我很纠结。如果制定一个具有挑战性的目标，这一年一定会很辛苦。但是如果随便制定一个能够轻易达成的目标，年末的时候也许得不到想要的成果。部长是不是会说"当然要制定有挑战性的目标"？

还有"对目标描述应该达到何种程度"的问题。与营业或开发、生产部门有所不同，在支援小组中，很难用明确的数值来显示成果。虽然有能够测定目标和课题的指南，但是用数值来测定我们工作的价值是绝对不可能的。能够用具体的数值来测定目标的情况，如"×××课程开发××件""×××教育开发执行××文件""学习者满足度×××"等。更重要的是，这些很难测定工作的质量，或许还会因为我无法控制的因素而发生改变。最终即使制定的是定量目标，在年末评估时，也会变成定性目标。

从今年开始，我又多了一个烦恼：今年不仅要接受别人对我工作的评估，还要去评估后辈们的成果。同时，我还负责指导引领组员，使他们的目标能够达到一定水准。到了年末，我要以现在制定的个人目标为标准，对他们的成果进行评估。如果现在我的工作做得不好，以后的处境会很尴尬，就像第一个纽扣没系好，最后必定一片混乱。

根据成果评估标准，如果能够达到个人制定目标的120%，就会在评估中得到最高等级。但是，如果有的组员制定了比较简单的目标，最终轻易地完成了目标；而有的组员制定了非常有挑战性的目标，最终只完成了目标的90%，那么，我应该给谁更高的分数？评估标准规定，符合教科书中制定目标的标准或者根据工作的难易度给予一定的加权值。但是，对各个不同工作的难易度进行客观评估并不容易。因为任何人只能进行主观评估，对自己欣赏的业务给予较高分数。我再次切身体会到，人类所制定的制度中，最不靠谱的就是评估制度。真的很羡慕员工，因为他们没有这样的烦恼。

考虑了好长时间，我决定制定有挑战性的目标，也要求组员们制定稍有挑战性的目标。因为今年是我第一年当组长，想做出一番成就，所以决定制定较高的目标。至于评估问题，到时候再去苦恼吧。

连决定会议时间都不是容易的事

每周五早上 8 点，是部门会议召开的时间。部门会议总结一周的业务成绩，并制订下周的工作计划，还会告知组员一些相关事宜并交流信息。虽然我会在每天早上开始工作之前，抽出 5~10 分钟给组员安排一下当天的工作任务，但是因为工作繁忙，几乎没有一天能够把组员全部召集在一起。因此，为了能至少一周一次见到组员，我决定在周五工作开始前 30 分钟召开部门会议，回顾上一周的工作情况、制订下周工作计划，顺带聊一下个人问题。

在决定周五早上召开部门会议时，遇到了一些阻碍。首先，对于会议时间，组员们都说早上太早，起不来。组员们每天都会工作到很晚，第二天还要早起，这对他们来说，负担好像很大。

部长让我结合组员们的意见来决定时间。组员们提出了各种意见，有说周一上午的，也有说周五下午的。他们都是站在自己的立场上考虑问题，因此只会引起争议，很难得出结论。我很想立刻下结论，但是却一直保持着沉默。最终有些组员做出了让步，于是，时间定在了周四下午 3 点。

但是到了周四下午 3 点，有一半组员没有参加会议，因为有其他工作要忙，于是，我又重新收集意见。最终，大家达成了一致，认为再没有比周五早上更适合的时间了。同时，大家还决定为确保出席率，每迟到 1 分钟，就罚款 1000 韩元（约合人民币 5.7 元），所得到的罚款将被全部捐给贫困儿童。

到目前为止，周五早晨会议已经持续 3 周了，除了休假或特殊的事情，几乎全员参加，会议开得也很有生气。说早上起不来的组员们也都全部出席了，因为他们都相信在这种情况下，这个时间就是"最佳方案"，还因为这是全组员的共同决定。

部长有一次迟到了 3 分钟。组员们脸上都带着坏坏的微笑，全部将目光集中在开门进来的部长身上。部长一边说着"我知道，我知道"，一边打开了钱包。会议室里立刻哄堂大笑起来。

许多领导者都说没有时间听取组员们的各种想法，并在众多观点中进行分析筛选。因为他们都认为不管什么事情，快速决策才是最重要的。问题是快速决策并不能保证有好的结果，特别是与员工有关的个人提案，一味快速决策并不能体现一个人的能力。不考虑员工的特殊情况就作出决策，在实施阶段有可能会遇到各种各样的问题。即使方案付诸实施，员工也不会心甘情愿，最终难以得到所期待的结果。

并不是简单地在锅里加上水和米就能成为米饭。为了使其成为米饭，需要加热，需要等待一定的时间。让员工参与决策过程，把上司安排的工作真正当作"自己的工作"。有一句话叫作"程序公正性"。当员工体会到和自己有关的决策过程越公正，决策的可接受性就会越高。即使自己的意见没有确切地反映到决策中，但是参与决策过程本身也能提高决策的可接受性。

所谓员工培养

"去吧，去吧！"部长特有的豪放声音在走廊里回响。

部长一边擦手，一边从洗手间里走出来，他眼睛瞪得圆圆的，双唇微微上翘，歪着头从我身边走过，好像在问"有什么事吗"。部长简短的话语，让我很恐慌，不敢说话，安静地站着。出乎意料，居然得到了部长的爽快答复。他接着说："呀，我曾经也这样。一周两次课，对吧？别到处声张，只让一两个人知道就行，让他们来分担你的工作。还有，一定要协调好工作和学习。"

虽然部长的语速有点快，但我还是能听明白应该怎样去做。部长好像已经预测到了我要说什么，因此提前准备好了答复。

"好的，我知道了。我只告诉宋代理。"我的视线不知道往哪儿放好，不知所措地回答着。

部长坐上了电梯。一直等到电梯的门完全关上，再也看不到部长的脸后，我才松了一口气。打开窗户，阳光一下子照了进来。那段期间积累的紧张和焦虑，一瞬间像春雪融化般消失得无影无踪，眼前豁然开朗，浑身热血沸腾。

"太好了！"

　　去年调到这里之前，我考上了在职研究生。但是刚刚进入公司，我真不知道要如何开口说去上课，于是我办理了休学手续。我认为首先要在新的环境下适应和新的同事一起工作，等积累了他们对我的信任之后，再去提这件事。事实上，就算去上研究生，也不可能做到按时去上课。不仅工作繁忙，而且在一个陌生的环境中开始新的工作，就算做同样的事情，我也要比别人花费更长的时间。在这种情况下，去学校学习会非常辛苦。我非常感谢部长，他为了我未来的发展，全力支持我去上学，而我却不能为上司做些什么，因此心中很惭愧。

　　员工培养是管理者的重要工作之一。通过支持和帮助员工寻找发展机会，可以激发他们的献身精神和工作热情。知识时代提高员工积极性的方法与产业时代是截然不同的，19世纪提高员工积极性的方法，对21世纪的员工也不会起到丝毫作用。

　　在终身职场的概念日益模糊，而终身职业的意义却越来越受到重视的现代社会，员工寻求自身发展的欲望越来越强烈。他们在选择公司时，会考虑在这个公司中自己有多大的发展空间，以及一年之后自身价值会得到何种程度的提高等问题。如果在一个公司不会再有任何发展潜力，他们会选择离开。许多管理者都认为对员工进行工作方面的培养是最重要的，这种说法确实是正确的。但是，我相信实现员工经验和理论知识的均衡发展，才是真正意义上的员工培养，只有这样才能使员工得到更大的发展。如果只有经验而不具备理论知识，只会成为空中楼阁；反之，如果没有经验而只有头脑中的理论知识，那么这些理论也只会是虚无缥缈的。因此，对于后辈的培养，必须同时考虑理论和经验两个方面。

但是在现实工作中，员工如果要抽时间去谋求自身的发展，能爽快答应的上司究竟会有多少？虽然一有机会就会信誓旦旦说要尽全力支持员工的发展，但却不允许他们在上班时间看书，哪怕是有关业务的内容。甚至还经常会说"工作这么忙，去接受什么教育啊"，不同意他们参加教育培训，像这样的管理者如何能够真正做到对员工的培养？口口声声说喜爱花，但是一周也不给花浇一次水，像这种人是不能称为真正的爱花之人。这两者其实是一样的道理。对员工的培养，不要只是嘴上说说而已，而要付诸实践。当然，前提是员工自身对学习要感兴趣。因为只有员工自己想要不断寻求发展，上司的帮助才会更有意义。

我想成为能够帮助别人的人。帮助别人，并成为他们上升的阶梯，这件事本身就会让我很有成就感，我就是想成为这样的人。我希望以后员工会这样描述我，"他是在我自身发展过程中给予我帮助的人"。部长或其他前辈全力支持后辈的发展，却从不求回报。后辈们的成长本身就是一件很有意义的事情，前辈们对此也会感到很高兴，或许前辈就是这样一种存在。我决心将从前辈获得的爱全部分享给后辈。

获得组员情感上的认可是首要之事

今天举办了首次学习沙龙。我和型镇一起制订了年度学习计划，并找了一些资料，通过这些准备工作，终于举办了今天的学习沙龙。组员们都梦想成为人力开发领域的专家，所以决定一周学习两小时。我们组的组员大部分是进入公司未满两年的新员工，通过这种方式，可以和他们共同分享有关业务方面的知识和专业技巧。同时最主要的是，一周至少能有两个小时可以看到全部组员，还可以和他们聊聊天，这本身也很有意义。

"这不是又增加了新的事情吗？现在本来工作就很忙，每天都下班很晚……"

上周，在商讨年度业务计划的会议上，我宣布了要进行学习沙龙的消息，组员们立刻停下手中的笔，直瞪瞪的看着我。特别是，秉国和美静的脸变得很僵硬，眼珠子瞪得很大。"都忙死了，哪有时间参加学习沙龙啊？""事先也不征求一下我们的意见，突然说的这是什么话啊？"他们抗议着，组员们的不满情绪顿时全部爆发了。我感觉很尴尬，也很恐慌。变革管理的重要性虽然是学习和讲义中所强调的重要内容，但在我却没有将其运用到实际工作中……对于事前没有征求组员们的同意，我首先向他们道了歉，然后解释了学习的目的，大家这才勉强接受了学习沙龙。虽然再没有了反对意见，但会议氛围还是没有缓和。

我们的小型授课教室有两面落地窗，外面的风景很美丽。虽然现在建筑物后面的山坡上只有光秃秃的树木，但春天、夏天时绿意盎然，秋天还能看到火红的枫叶，感觉真好。桌子上放着热气腾腾的绿茶，组员们团团围坐在一起。

今天发言的是型镇。他一边读已准备好的材料，一边进行解释，之后又解答了组员们的一些疑问，最后讲了一下带给我们的启迪。因为是第一次，组员们显然有些紧张，却掩盖不住兴奋之情。可能因为大部分组员都年龄相仿，所以会议在一片祥和的氛围中愉快地进行着。虽说是严肃的学习时间，但是在组员们讲述自己的经历时，我们的关系被拉得越来越近。

人们通常会作出这样错误的判断，以为自己认为理所应当的事情或喜欢的工作，别人也会如此。特别是对于管理者而言，因为很少有人反对自己的意见，所以很容易陷入这种错觉。他们根本意识不到别人的想法会和自己不同，甚至认为这是理所应当的。因为他们只靠头脑去理解，而不用心去感受。有一句话说得好，"世界上最远的距离莫过于头脑和心的距离"。

尊重员工的想法和价值是领导力的基本原则。因此，在工作中做出某种改变时，一定要预先与组员协商，这种做法是引领员工参与公司事务的出发点。因此，作任何决策之前需要与员工进行充分的沟通。

刚刚升职为团队负责人的员工都会野心勃勃，想在某些方面做出一番成就，其中就包括员工培养。大部分关于领导力的培训和图书都会强调员工培养问题，所以管理者自然而然对提高员工能力这项工作抱有很大的热情，因此会经常满怀信心地制订一些关于小组会议或活动的计划。但是，很多情况下不和员工提前商议就付诸实施，无法做到真正让员工参与公司事务。因此，只要与管理者之间稍微有一点隔阂，员工们就会产生反抗心理。会议或活动因为一些原因被推迟或暂停举行，也会使员工心怀不满。日后，员工稍有点事情，就会找各种各样的借口缺席会议或活动。最终，管理者刚开始志在必得的雄心，只因一点缝隙便轰然坍塌，如同蚁穴溃堤，会议或活动也会不了了之。再好的工作，自己如果讨厌，也不会去做。因此，勉强员工去做自己不喜欢做的事情，最终也只能事与愿违。

我是榜样吗

"科长，您是我的榜样。"

"你说什么？不是开玩笑吧？"

"真的。为什么不相信我的话呢？"

"不，不是那样……以后我可不能做坏事了……哈哈！"

今天学习沙龙休息时间，李美静突然对我说了这么一句话。我感到很惊慌，不知道如何作答，只能含糊其辞回应着。居然说我是榜样，我到底哪些地方为员工们做出了榜样……

所谓榜样就是指人们争相模仿的人。将某人作为榜样就意味着无论是在态度、行动或是能力方面，都想向那个人学习，榜样会对别人的生活产生影响。虽然生活在这个社会中，我们不知不觉地影响着别人，也接受着别人的影响，但是成为榜样具有更特别的意义。

我很感谢美静对我说这样的话。虽然让我产生了一些自负感，但我决心以后要更加注意规范自己的行为。领导者的举手投足，员工都会看在眼里。我想起了朝鲜西山大师的一首诗：

踏雪野中去，

不须胡乱行；

今日我行迹，

遂作后人程。

第一次面谈

"我到底做了些什么？"

我把韩尚日叫来，和他进行面谈，结果只啰啰唆唆地说了一大堆我想说的话，我的心情很沉重。本来想做好第一次面谈，结果却事与愿违，我感到很羞愧。

早上，我突然想到要和组员一个个地进行面谈。通过面谈，我想准确掌握他们的工作情况，也顺便了解一下他们的梦想，还想知道他们对我有何期许、希望我去做些什么，以及在公司中为实现他们的梦想，我又能起到什么作用。

到现在为止，我虽然作为被面谈者参加过很多次面谈，但是却从没有过对员工进行面谈的经历，所以很迷茫，不知道该如何去做。怎样开始谈话，该问一些什么问题……在我的记忆中，我曾经的上司在对我进行面谈时很自然，让我感觉到很放松。有的上司会在一个小的会议室里，放一杯茶，首先会问一些有关我日常生活中的问题，就像遇到了关系比较亲近的学校后辈，然后一起喝茶聊天。而有的上司，我一坐下，就以庆尚道男子特有的爽快和直截了当的语气问我一些问题，"最近工作做得怎么样，有什么困难吗"。

一开始会感觉到紧张，慢慢地适应了这种语气，也就感觉很放松了。还有的上司通过面谈体现了对对方的关心和尊重。虽然方式有所不同，但不管哪种面谈，我都感到很放松，可以把想说的话全部说出来。

"我能和你谈谈吗？"

我走到正在敲打着键盘的尚日旁边，对他说。

"好的。"

伴随着特有的爽朗笑声，他从座位上站起来。在学习沙龙的小教室，我们一人拿着一杯咖啡，面对面坐着。别的小组面谈时，为了找一个更大点儿的面谈空间而费尽心思，而我们却很乐意使用这个小教室。

"最近怎么样？"我先开口问道。

"很好，也没遇到什么困难。"他依旧爽朗地笑着回答道。

也许这就是他的魅力，不管什么情况，都会保持灿烂的笑容。就算是安静地坐着，他也会面带微笑。我首先解释了一下进行面谈的理由，然后又接着问尚日最近在忙些什么，工作的时候有没有不方便的地方。他回答道，最近在负责有关教育课程的工作，并大概给我解释了一下关于教育课程的问题，还说没有什么不方便的地方。他还对我说，两年多都在做相同的业务，今年开始尝试教育课程有关业务，希望一切顺利。

实际上，尚日所负责的教育课程工作，是其他员工最不想负责的业务之一。尚日婉转地表达了要求换工作的意愿。我能充分理解尚日的心情，并对他说现在正在和部长就这个问题进行商议，接着对他讲述了一些我的经历。我在刚刚进入公司时也对自己负责的工作不满意，常常有很多抱怨，后来我慢慢地扩展了业务领域，赋予了这份工作更多的价值，最终，成为了除我之外无人能负责此业务的能手。我经常会对感觉不到自己工作价值的后辈们讲述我的这段经历，同时告诉他们，即使现在这份工作没有人愿意负责，也许对自己来说就是一次机会。为什么这样说？因为这样的工作有许多需要改善的地方，只需稍加努力就可使其尽善尽美，取得的成果也将更加引人注目。我在对别人讲述这段经历的时候，或许带有一种自负感。

为了让他意识到自身工作的价值，我费尽心思地给他讲述了一大堆我们小组的运营方向和战略构想，并对他提出了一些具体意见。尚日始终微笑着重复着"好的""如果是那样，就更好了"之类的话语。我很欣慰，因为尚日对我的想法表示全部认同，这使我很高兴。

面谈结束后，走出教室，我暗自得意。因为向他充分传达了我的想法，尚日看起来心情也不错。我把自己的理论和意见全部讲给了他，一想到这会给他带来一些改变，便很兴奋，也心满意足。

但是，这种感觉只是暂时的。兴奋过后，我的脸霍地红了起来。说是面谈，结果却只是我自己一个人说了一大堆，还一厢情愿地相信尚日完全认同我的想法，为此而感到沾沾自喜。我以为这样的面谈能够让所有人都很满意，没想过这只是我的错觉。结果，这场面谈反而成为我自己的演讲会。

管理者们常常会自我陶醉。他们活在一种错觉中，以为所有员工都被自己所说的话感动，并表示支持。因为大部分员工都会做出好像赞同上司的反应。但是很多情况下，员工即使当场表示同意上司的意见，私底下也会有很多不满。

员工们依据自己的经验得知，如果在上司面前否定他们的意见或想法，是得不到任何好处的。因此，他们在上司面前只说一些好听的话。我曾经的一位上司说，他身为普通员工时，非常讨厌那些对上司阿谀奉承的同事，甚至将他们视为眼中钉。但是从他升职为管理者那刻起，也不喜欢总说一些逆耳之言的手下。德高望重、受员工尊敬的上司如此，又何况其他人呢？最终上司完全远离了否定信息，他们渐渐地被孤立，与错觉一起生活在自己的世界里。

假装赞同和真心赞同是截然不同的。为了能够获得员工真心实意的赞同，管理者应该学会倾听。在开始讲话之前，要努力做到倾听，不必费尽心思去准备谈话内容。"今天一定要做到倾听""今天只提问和表示共鸣"，要带着这种觉悟去进行面谈。和尚日的第一次面谈让我领悟到了倾听的可贵性。

高处不胜寒

  午饭时间，偶然在走廊里碰到 H 常务。我问他为什么在走廊里，他说怕没人陪着一起去吃午饭，就在开饭前 5 分钟在走廊里晃悠。他还对我说，孤立别人的人有问题，但被孤立的人也有问题，为了不被孤立，我们也要做出积极的努力。

  虽然他像开玩笑似的说了上番话，但却话里有话——高处不胜寒，因为距离下面越来越远。要如何战胜寒冷，这完全取决于管理者自己。

开会，开会，没完没了的会议

　　我就像是跑完 42.195 千米，马上就要到终点的马拉松选手一样，一下子瘫在椅子上。达到了目标，就感觉没有必要再继续前进了。此时没有丝毫力气，脑袋已被抽空，周围安静地好像整个世界都停止了转动。就如同话剧结束后，望着台下空空坐席的女演员一般，没有一丝紧张感，两眼放空，没有焦点。现在终于结束了，安然地度过了这一周，我长长舒了一口气。紧绷的弦瞬间断掉，我好像找不到前进的方向了。

　　成为管理者之后，需要参加的会议越来越多，会前应准备的材料和会后要整理的东西自然也越来越多。这其中包括每周常务主持的会议、一周一次的部门会议、小组会议以及随时召开的各种会议等。每参加一次会议，上级都会下达一两个指示，一周积累下来，需要完成的事情简直堆积如山。会议就像是制造"工作"的机器，上周指示的工作还正在进行中，又接到了新的指示，因此这周的工作只能被堆积下来……

　　特别是常务主持的管理者会议，部门经理和组长全部都要参加，每次开会时，我都胆战心惊。每个部门都要在会上汇报本部门一周的工作情况和下周工作计划制订情况；同时，会议还将对错综复杂的业务进行调整；对于工作中所出现的问题，参会人员将共同寻找解决方案，但在会议上说错一句话都有可能引发电闪雷鸣。部长们的处境相对会好一些，因为他们懂得如何去攻击和防卫。在我们部门中，我是职位最低的管理者，所以在会议上经常由我来发表意见。其他管理者或部长经常会因为其他一些原因缺席会议，特别是如果部长不在时，我感觉就好像缺少了为我遮风挡雨的人，只能一个人接受枪林弹雨。

　　在会议上，我要代表部门进行汇报，为了做好充足的准备工作，不仅要对我们小组的业务了如指掌，还要去了解超出我负责范围的其他小组的业务情况，因此在会议前，我要进行各种学习。就像在考试前废寝忘食地学习一样，在会议前，我会召集各个项目的负责人，对业务内容、实施情况、以后的计划、实施过程中遇到的问题和对策等事项进行一一确认。但就算做了充足的准备，对其他参会人员提出的问题，也有回答不上来的时候。如果人事小组计划下月招聘 500 名员工，那么我们小组也要制订相关计划，其内容主要包括制定教育日程、安排住处及教育培训地点、联络讲师及向劳动部门申报等。由此看来，一个小组的业务是与其他小组业务相关联的。如果对本部门业务情况了解不透彻，在会议上就很难做到对答如流。因此，新员工教育培训虽然不是我的职责，但是从培训地点使用状况到其他教育课程展开状况等，我都要详细了解。如果有一个问题回答不上来，"管理者连这个都不知道吗""你这期间到底做了些什么""你都这样，后辈们能好到哪里去"类似的指责会扑面而来。

　　作为负责一个小组的管理者，我理应对本部门的事情进行全盘把握。

但是，说起来容易，做起来难。用一天的时间来解决我们小组出现的问题都不够，更别说去做其他事情。一开始，收集资料后，在每个重点问题下面画线，然后背诵，但即使这样还是做不到对答如流，后来干脆把资料带进会议室。大部分出席会议的人只带一本《业务手册》，只有我每次都夹着一堆资料进入会议室，因此大家都会用奇怪的眼神看着我。所以一到周五，我就绞尽脑汁地找各种可以不去参加会议的借口，如出差或参加课程开发会议等。估计其他组长也会像我一样，想尽一切办法不去参加这种充满紧张感的会议。

　　会议开始前 5 分钟，会议室会爆发一场座位争夺大战。大家都想抢到一个风水宝地，即远离常务的地方。如果坐到了常务的旁边或对面，整场会议都会如坐针毡。因为担心和常务一对视，也许他就会冷不丁地提个问题。如果运气好，也许能回答上来，但大部分问题回答起来都很难，所以大家都选择尽可能与常务无法对视的地方，而靠近大屏幕的地方成为大家的首选。

　　会议开始后，会议室内一直很安静。除了发言者和最高决策人常务，以及几名部长外，几乎没有人说话。只有被提问到时，才会开口发言。在我前边的人开始发言时，我的心开始剧烈跳动，而且跳得越来越快，手心不停地冒着汗。果然，姜还是老的辣，他在发言和回答问题时很从容。在遇到不会的问题时，一起参加会议的同部门同事会代替他回答。我很是羡慕。轮到了我，我在心中默默祈祷，发言时千万不要被问到提前没有准备、回答起来很难的问题。然后，我平定了一下心情，擦了擦手中的冷汗，开始汇报。

　　我主持的小组会议又是一种什么样的氛围呢？我的组员又是怀着什么样的心情来参加会议的呢？他们和我是一种直接上下级关系，并且我们之间也没有太大的年龄差异，因此我认为，我们是在一种和谐的氛围中自由讨论，首先汇报个人的业务计划和业绩，在一起商讨解决问题的过程中，组员们也很坦诚地说出了自己的意见。小组会议似乎形成了积极讨论的热烈氛围，但是我很想知道组员们是不是也这样想。我经常会被问到，"怎样使会议更有效率？"每当这时，我就会回答，这取决于最高决策者，而不是准备会议的人员。会议主持者的趋向决定了会议的氛围和质量。因为无论再好的制度和体系，也许只因最高决策者的一句话，就会轰然坍塌。我希望在一个企业中能够实现自由沟通，所以下定决心从我们小组做起。

升职之际与级别逆转的悲哀

　　今天举行了一次升职庆祝聚餐。我们预订了一家雅致的韩式餐厅，组员们围坐在一起。用土黄色墙壁隔开的房间很雅致，韩纸做成的装饰物更是添加了一丝情韵。用现代的方式再现古老的东西，这种设计风格的空间很敞亮，同时还让人感觉很温馨。我们小组终年都在为工作的事情而忙碌，很少有机会全部聚集在一起，今天却全部出席了聚餐。型镇作为我们小组的唯一候选人顺利升职为代理。他面带微笑向所有人致谢，并且保证一定会尽职尽责，努力成为优秀的管理者。接着，部长和同事们敬酒祝贺，气氛慢慢活跃起来。

　　仔细想想，我感觉从员工升职为代理，比后来晋升为科长更高兴。前辈或同事也都这样认为。最大的变化就是称呼发生了改变，从"在承"变为"文代理"。部长或同事们第一次称我为"文代理"的时候，我有点儿难为情，但是心里却很得意。新名片上名字后面的"代理"两个字，虽小却很显眼。当时最想做的就是把名片立刻拿到朋友面前炫耀炫耀。我升职为代理后，我的客户感觉称呼我"代理"更自然。他们认为我们是生意伙伴关系，如果直呼姓名会很别扭，现在我的职位为"代理"，称呼起来反而更方便。还有就是年薪也提高了。看到月末打到存折上数字的变化，我心里美滋滋的。晋升为科长的时候虽然也很高兴，但也没有达到这种程度。

　　这个职位很适合型镇，我用余光看了一眼秉国。和平常一样，他表现得很活跃，并用他标志性的爽朗声音调动着整个聚会的氛围。他和型镇同岁。型镇大学一毕业就因一次绝佳的机会进入了公司，比秉国早一年。型镇今年升职了，但是秉国却连候选人也不是。前几天还互相"型镇""秉国"地称呼着，从今天开始一个人成为了"朴代理"，而另外一个人却还是"秉国"。他们虽然是同一年大学毕业的，却有一年的差异。秉国的心情会是怎样的呢？我很纳闷，也很担心。两个人都是我很看重的后辈，所以生怕两个人会因为这件事关系疏远或产生隔阂。两人有一年的差异，其实也没有什么了不起的，但发生了这样的事情，秉国心里肯定多少会有些不舒服。但他就像任何事都没发生过，高兴地玩乐着。同事们也和他打闹着，看起来和平常并没有多大的不同。难道是我多想了？如果是这样就好了。

　　引入业务部制后，在企业中出现的变化之一就是级别逆转现象。职位低的人有可能升职为组长或其他管理者，而职位高的人可能会降为组员，像这样的情况经常发生。虽然业务部制引入已将近十年，但还是感觉在比自己职位低或年龄小的组长手底下工作很不舒服。如果组长是自己学校的后辈，那就更悲哀了。在业务部制引入初期，如果出现这样的现象，原本比管理者职位高或年龄大的人就会选择离开公司，就像惯例一样。实际上，现在也有一部分人也会这样做。

　　现在，员工的认知有了很大的改变。我所支援的部门中也有几个比组长职位高的组员。甚至，在一个小组中，组长和一个组员还是高中同学。表面上看，两个人的关系很和睦，互相尊重。但内心也是这样吗？组长也同样感到不舒服，那个组长有好几次都开玩笑似的向我诉说郁闷之情；有的组长对职位高或年龄大的组员的工作方式或工作结果就算不满意，也不会过分斥责他们，虽然并不是所有人都会这样，但至少我会这样。

　　如果我也遇到那样的情况，会作出什么样的决定？一定会很伤心。因为我的无能而深受打击，也会很伤自尊，可能会立即提交辞职报告，但如果因为养家糊口问题没能辞职，会感到更加屈辱。我的内心像缠绕在一起的线团，很混乱。

　　我以为型镇的酒量不好，没想到他一连干了好几杯都没事儿，后来才知道他的酒量好是天生的。他的父亲就是地地道道的酒鬼，果然是有其父必有其子，但是他之前却说从没喝过超过两杯的烧酒。自制力可真好。总之，今天他喝得很高兴，已有几分醉意。我也有些微醉，对所有组员来说，今晚都是一个美好的夜晚。

　　明年的升职季也将展开一场激烈的角逐战。因为不光是在我们小组，整个人力资源开发下属部门，代理候选人都比比皆是。虽然他们都想升职，但总会有几名要吃到苦果。人类之间的生存竞争和动物之间其实没有什么两样，这也是无可奈何的事情，只希望在我们小组不会听到这样令人痛心的消息。这期间，我要仔细思考一下该怎样做才能帮助他们。在这一年中，其他小组的管理者也会尽全力支持本组的候选人，到了年末，胜负就会见分晓。

组员的合意也是必需的

今年也像往年一样，要开展以全体员工为对象的部门开发教育课程。为了开发教育课程，至少两个月要待在课程开发室，过着如监禁般的生活；五个月的时间要忙于对一万五千名员工进行教育培训。随着企业的快速成长及部门的迅速扩张，需要大量部门负责人，提前对他们进行教育培训工作也迫在眉睫，当然也不能忽视对大量涌进的新员工及老员工的教育培训。之前开展的教育课程及制定的制度、体系也要继续维持，并不断进行改善。

在小组会议上，我向他们说明了今年的形势，还作出一些决定，即今年我主要负责组织开发教育和领导力教育等课程的开发工作，而剩下的教育课程让各负责人自己进行开发并完善。因为从今天早上的管理者会议的氛围来看，好像有意让我负责他们的教育课程开发项目。

我讲完话时，组员们都低着头，紧闭着嘴。会议室里安静了几秒，型镇举起了手。

"这种事怎么组长自己就作了决定，不是应该与组员商量一下吗？"

他停顿了一下，又接着说。

"组长只挑自己感兴趣和受重视的工作去做，剩下的事情却要我们自己去孤军奋战，况且我们大部分都只是普通职员，组长这样做是不是太过分了？"

我很尴尬，就在短短的一瞬间，血液好像全部从毛细血管中流走，面部很僵硬。我完全没有想到组员们会有这种反应。到现在为止，还没有人对我所说的话提出过反对意见，况且他还是我平时很爱惜的家伙。他明明知道我平时对他很信任，居然还能说出这样的话。

"那个，好像确实有点……我向大家道歉，没有征求大家的同意就单方面作出决定。但是大家应该很清楚我们现在的处境，相信你们会理解我。同时我也会努力在负责教育课程开发项目的同时，认真监督小组的工作，希望大家能够体谅并支持我。"

太紧张了，我都不知道自己具体说了些什么，就这样草草地收了尾。后辈在我背后捅了一刀，虽然脸发烫、心跳得很厉害，但我还是装作很坦然，结束了会议。

型镇的话很正确。事关全部组员的提案，上司却独自作出了决策，这样做很打击员工的积极性。这个决策如果给员工带来负面影响，他们肯定会有逆反情绪。因为职位等级的差别，员工表面上表示同意上司的决策，但在内心的一个小角落里却积累了对管理者的不满情绪。不要一个人为了克服困难局面而作出艰难的决策，最好的方法是将我们的处境一五一十地说给员工听，然后寻求他们的建议，也许他们想到的对策与我的想法恰好不谋而合。到那时，他们就会心甘情愿地接受作出的决策。虽然两种做法的结果是完全相同的，但是员工的态度却截然不同。因为这是他们自己的决定。比起逻辑或理性，人类更容易被情感所左右。因此，管理者应学会去揣摩员工的情感。

虽然心里难受，但我却学到了一些东西。关于变革管理的理论，耳朵都听出茧子来了，但我却没能灵活运用，这使我很自责。被别人，并且还是后辈来点醒，这让我感到更加的悲哀。

"懂得"这两个字包括知、行、用、训、评等五个阶段。即，单纯记忆知识的阶段，理解意思并付诸实践的阶段，灵活运用于其他状况的阶段，能够给予别人帮助和启示的阶段，对他人的知识和行动作出评价并能够创造出新东西的阶段。从这些观点看，对于变革管理，我好像还只停留在第一阶段。

《论语》里有这样一句话："三人行必有我师焉。"意思就是很多人一起走路，其中必定有人可以作为我的老师。我的言行会对其他人产生影响，反之，我也会从周围人的身上学到一些东西。每个人都是学生，每个人也都可以成为老师。

我不知道组员是否能从我身上学到东西，但是最近我真的从组员身上收获了很多。虽然他们是我的后辈，但有时候他们会显得更成熟。今天虽然感觉型镇的行为挺可恶，但我还是要感谢他能够坦诚地说出那一番话，他比我看得更远、想得更深。会议结束后，我对型镇说了声"谢谢"，在我任职期间，所做出的行为如果有欠考虑或做错的地方，希望他能随时指出。

受欢迎的后辈与做事高效的后辈

"这都多少次了？你这家伙，打起精神来！"

从早上开始，部长的嗓门因生气提得越来越高。

"不要管别人的事情，先把你自己的事情做好！做好自己的事情，再去帮助别人。"

秉国今天才刚刚完成应向部长提交的"中层管理者教育课程审核报告书"。本来上周就应该去找部长汇报，但是因为那时没有完成就推到了这周，看来这次秉国又没有认真检查。

实际上，比起自己的事情，秉国对别人的事情反倒更积极，换句话说，就是爱管"闲事"。当别人遇到困难或需要帮助时，他就会把自己的事情先放到一边，去给别人雪中送炭，因此大家都很喜欢他。但问题是，他总做不好自己的事情。

下午，政勋为了修正新员工教育培训中的部分内容正在编写材料，但好像遇到了一些问题。看到旁边苦恼的政勋，秉国和他一起进了课程开发室，好长时间也没有出来，估计两人正面对面地绞尽脑汁想主意。在这期间，那张无主人的桌子上还摆着他未完成的工作。估计他早上因受部长责骂而郁闷的心情，早已消失得无影无踪了。

与之相反，型镇比谁都看重自己的工作，一定会在期限内完成自己所负责的事情。在工作期间，他通常会把手机关掉，不受任何妨碍，高度集中精力工作，一旦投入工作中，对周围发生的所有事情都会漠不关心。他虽然只是个代理，做事却很执着，有一股韧劲和干劲，他认为正确的事情一定会积极推进，连科长都无法劝阻。在处理事情方面，没有人怀疑他的能力，我也很放心把工作交给他去做，因为他总能比我想象中做得还要好。能够出色地完成所交代任务的组员，哪个上司会不喜欢？

做不好自己的事情但却热心帮助同事的秉国，和能出色完成上司所交代任务的型镇，如果期待员工两种性格兼备，那岂不是太贪心了？秉国和型镇两个人，究竟谁才能在公司中得到认可？

我们周围总是有这么一些人，经常会听到前辈夸赞"心地善良"，但是在处理事情方面却让人很失望。乐于助人的同事固然受人尊敬，却总是找不到自己的方向、没有长远目光，看到他受上司责备时，我们也会感到很心痛。就像是心地善良的邻居大叔让同事和后辈都感觉很温暖，但办事能力却不足，实在令人惋惜。再加上，这种人无论在什么情况下，都没有紧张感，这更让上司不喜欢。秉国虽然不是这种类型，但我却很担心他会成为只是心地善良的人。

有时候，在助人为乐和自己工作之间需要做到平衡，不能顾此失彼。我真心地希望，秉国能在帮助同事和处理小组工作方面量力而行，努力出色地去完成自己的工作。当然，如果能在助人为乐的同时能够提高自己的办事效率，那就再好不过了。

"呆若木鸡" 的教训

"组长，×× 企业说不能在规定的时间给我们送来约定好的材料，怎么办才好呢？"

我一下子从座位上站起来。

"那人也真是的，这都多少次了。电话号码是多少？"

我情绪很激动，已经拿起了电话，准备拨号。宋代理看到我强烈的反应，拿着材料的手停在了半空中。停了几秒后，他开始支支吾吾地回答我。

"是……是……电话号码是 ×××××××××"

我们的教育课程已经进行了很长时间，他们却没能按时提供材料，这让我们进退两难。虽然可以让他们给我们送来其他替代品，但我绝对不能容忍我所负责的教育课程有任何瑕疵。尽管我们给他们留出了充足的时间，但好几次他们送来的产品都让人很失望，这次居然没有按时提供产品。我打去电话，向他们表达了强烈的不满。最后还说，如果再发生这样的事情，我们将会解约。说完，我生气地挂掉了电话。组员们都直愣愣地看着我。我刚就质量教育授课的问题和日期进行了汇报，就出现了这样的问题。

只要是我负责的教育课程，我都尽最大努力让其达到最高水平，不能允许有一点儿差池。但是，最近我们的合作企业总是接二连三地让我们失望，这让我心情很不好。与不能满足我们要求的企业停止合作也未尝不可，但有时候也找不到合适的解决方案，只能赶鸭子上架。

我刚开始负责这个小组的时候，就暗下决心一定要做到最好，不留一点儿污点。为了能更好地了解业务情况，每件事情我都亲力亲为。尽管每天都忙得不可开交，但看到事情能够按计划正常开展，我就很满足。但是，最近"伏兵"连日突围，对于这些意想不到的事情，我很慌张，也很生气。

这种需要紧急处理的事情在日常工作中有很多。为了处理突发事件，我周旋于各种电话与会议中。这些问题如果不及时解决，有可能会发展成更大的问题，所以无暇顾及他事。因此，其他事情被慢慢堆积。因为持续发生这种状况，我变得有些神经质。即使很小的事情，我也会有过激的反应，很容易激动，也经常发火。整天像走在悬崖边上，胆战心惊；像这样度过一天，真是身心疲惫。收拾东西准备下班时，整个人都精神恍惚。一天好像有很多工作，却记不清到底做了些什么。

科里·帕特森在《关键对话》一书中写道，在即将引起严重或致命结果的瞬间，有人通过对话就能挽救整个局势，像这样的人，无论何时何地，都会受到别人的尊重并取得成功。他所提出的对话方法的核心是"集中于对话目的"和"照顾对方感受"。如果能够在照顾对方感受的同时集中于对话的目的上，感情就不会波澜起伏。一方提出反对意见时，如果被不满情绪包围，另一方就很容易激动或沉默不语。感情如果起伏不定，就有可能说出一些极端的话，使对话无法继续进行，事情将陷入一片混乱。

在《庄子·达生》篇中，有一个"呆若木鸡"的寓言。春秋时期有位叫纪渻子的人，是训斗鸡的行家。当时齐王很喜欢斗鸡，为了能在斗鸡场上取胜，齐王特地请纪渻子帮他训鸡。训练十天后，齐王便派人来问："斗鸡训练得怎么样了？"纪先生说："还差得很远。现在这只鸡还很骄傲，自大得不得了。"过了十天，齐王又来问："现在好点了吗？"纪先生回答说："还不行，它一听到声音，一看到人影晃动，就惊动起来。"又过了十天，齐王又来了，当然还是关心他的斗鸡，纪先生说："不成，还是目光犀利，盛气凌人。"十天后，齐王已经不抱希望地来看他的斗鸡。没料到，纪先生这回却说："差不多可以了，鸡虽然有时候会啼叫，可是不会惊慌了，看上去像木头做的，精神上完全准备好了。其他鸡都不敢来挑战，见到后只有落荒而逃。"说完后，他将鸡交给了齐王。

情感可以通过长时间训练控制。领导者也应该加强训练，做到不因员工的一句话而大喜大悲。不仅仅是言语，只因员工的小失误，上司的不满情绪就如火山爆发般喷涌而出，那么员工就会长期处于紧张状态，不敢面对上司。同时，如果只因一点小事情就情绪激动、坐立不安，员工看到这样的上司，也会手忙脚乱，事情只能变得更加糟糕。

我在想，那段期间是不是被欲望驱使了，自己才走上一条艰难的道路。领导者只有做到坦然面对任何事情，才能成为值得员工信赖的坚实后盾。"呆若木鸡"的寓意再一次浮现在我的脑海中。

不要让任何组员因为我而离开

今天为朴恩静代理举行了欢送会。去年朴代理遭遇车祸时，我给予了不少帮助，也是从那时起，我们的关系才变得亲近起来，现在她要离开了，我心里很不是滋味。"会者定离，去者必返。"聚会总有离散之时，前行终须折回之举。话虽如此，离别时还是会依依不舍。平时，她那天真烂漫的笑容总让我们感到心情愉悦，而此时她却眼圈泛红，眼泪欲夺眶而出。我还以为她会犹如春风般笑着离去，这是我第一次看到她眼含泪水。而她努力强忍着泪水，露出笑容。我们也随她微笑着。

我们坐在一起，聊着同事间有趣的事情，感人肺腑的瞬间及她曾惶恐的时刻，并和她一起畅想美好的未来，一起分享那份期待和激动，就这样笑着、闹着一直到很晚。

她下周就要去其他公司上班了。在那个地方，她会和新的同事一起工作，在新的环境下慢慢成长。新就意味着生疏，生疏又会带来迷茫的不安感，因此人们不会轻易去选择新的环境。然而尽管如此，还是不断会有人加入离去或新进的行列。因此，我们也可以把公司比喻成旋转门，不断有人进来，不断有人离去。似乎春天就应该是离别和相聚的季节，因为春风总是吹得人们内心涟漪起伏。

　　人们总是因为各种各样的理由离开公司。有的人是为了寻求新的机会和挑战，为了释放心中那份被压制的梦想，果断冒险，踏上新的征途。而有的人则是因为不满足现状。朴代理就属于这种情况。她一直梦想去欧洲，因为她喜欢欧洲的氛围并向往他们的生活。几年前，第一次去欧洲旅行时，对欧洲的那种奇妙感觉就一直吸引着她。在我们公司，她寻找不到那样的机会，因此她毅然决然地选择离开。

　　还有的人是因为地域问题而辞职。我们的公司设在郊区，但也有很多来自首尔的员工。他们是被我们公司"大企业"的名声所吸引来的，但是这里不同于他们原来的生活，为了适应新的生活，他们吃尽了苦头。在郊区的生活让他们感觉无比孤独。一到周五晚上或休息日，他们会义无反顾地返回首尔，去享受那短暂的都市生活。他们认为那才是真正的人生。在郊区生活纯粹为了赚钱，是无奈的选择，因此他们一直觊觎回城工作的机会。在郊区工作的人大多数为男性，因为服过兵役，所以他们能接受这种与世隔绝的生活。人们的价值观念迥然有异，因此我们也不能说些什么。

　　很遗憾，有些人却是因为在公司中得不到认可而辞职，他们想去寻求适合自己的工作。同样的人，在这家公司会得到上司的认可，并被夸赞有能力，而在那家公司则会被打上无能、不会办事的烙印。开朗外向的人在有的地方会被评价为积极向上的人，而在有的地方则被认定为注意力散漫、不稳重、经常犯错的人。

我身边有这样一位前辈，他不喜欢到处炫耀自己的成绩。即使多次因绝妙的想法取得优秀成果，他也还是很谦逊。这种谦逊，却被上司认定为对工作缺乏热情。在大家都认为炫耀是一种美德的地方，谦逊就意味着无能。没过多久，他就选择了离开。还有一名后辈，做事总是很慎重，所以大家给他取外号"Mr . Serious"（慎重先生）。他虽然做事很完美，却多少有些慢，因此经常受到批评。这个公司更青睐办事效率高的人，所以对慢很敏感。不到两年，他就跳槽到了国营企业。

日复一日地在公司工作，每个人都有一套胜利的法宝。在公司中能够发挥自己才能的人会继续留在公司，而其他人则会选择离开去寻找适合自己的公司。

但是更让人惋惜的是，有些人却是因为人际关系而离开的。几乎没有人是因为和后辈、同事的关系不和睦而辞职，大部分情况是因为上司。得不到上司的信赖，还经常受到侮辱，上司不但对自己的生活和成长没有一点帮助，反而阻碍了自己的发展，因此他们选择离开。但真正该离开的人不是他们，而是上司。如果一个公司中拥有很多这样的上司，那么这个公司的未来将是一片黑暗。不是每个公司都强调管理者的重要性吗？作为管理者，我也暗自下定决心，不要让任何组员因为我而离开。

我希望恩静能够适应新的公司生活，展示自己的才能，同时还希望她能够在向往的欧洲放飞自己的梦想。

但是，我是否过上了自己想要的生活？每当看到有人离开公司，我也会蠢蠢欲动，但却没有离开的勇气，我感觉自己很怯懦。"我在这个地方踏踏实实走我自己的路，有什么好羡慕别人的呢？"一想到这儿，对于自己未尝试工作的迷恋，也就消失得无影无踪。

只做我游刃有余的事吗

"组长好像只关心管理者教育的有关工作，而对质量教育却丝毫也不关心。"

尚日带着他那标志性的微笑，突然对我说了这么一番话。今天我和几个组员一起吃完午饭，坐在公司门口附近的长椅上聊天。负责管理者教育工作的型镇也在场。尚日像是在开玩笑似的说了这么一句话，但这好像已经是第三遍了。我虽然笑着回应说"我哪有"，内心却很愧疚。

从普通员工升职为管理者，肩上的责任也突然增加了。成为领导者后，突然要对所有的工作进行展望并规划，这实属不易。很多管理者都倾向于去做自己平时喜欢的工作或者感兴趣的领域。同时，通过实际工作，就会认为自己承担的事情相对来说更重要、更熟悉，因此也会花费更多的时间和精力用来处理这件事情。反之，对于不喜欢的工作或者不感兴趣的领域一开始可能会依赖具体工作负责人，后来会干脆完全交给他们去处理。

我也同样如此。在刚升职为领导者时，我只负责管理者教育课程开发有关工作的实际业务，而对其他教育相关工作却不是很清楚。当然因为是同一小组负责的工作，大概了解内容是由什么构成的、又是如何展开工作的，但却不知道详细内容。再加上，我所感兴趣的领域是管理者教育课程开发等相关工作，所以，对质量教育或语言等其他教育工作多少有些忽视，这确实是事实。

因此，虽然我也参与同一小组后辈们所开展的教育课程和项目，甚至对其详细事项进行调整，但对除此之外的课程也只是停留在把握工作进程的阶段。我经常是听取他们汇报后，在不提出任何条件要求的情况下就给予批准，从不试图对他们所负责的工作进行改善，确保其朝更好的方向发展。如果从一种新的角度去展望并规划一项工作，这就需要对这项工作全盘把握，而这样做，又会需要大量的时间。事实上，时间虽然也是问题，坦白来说，归根到底还是因为兴趣。

管理者要对小组工作的结果全部负责，因为小组中发生的所有事情都与我有着密不可分的关系。因此作为管理者，不仅要对自己原来负责的业务负责，还要对组员的全部工作尽职尽责。如果不这样做，只是将焦点放在已熟悉的工作或感兴趣的工作上，就会打击负责其他工作的员工的积极性。他们会感到被冷落，远离管理者的视线，做着边缘工作，无法产生满足感。管理者应该花费更多时间去学习，深入了解原来不曾经历过、生疏的业务领域。对于实际业务负责人也要多加关心，以便从他们那里获得更多的信息。通过这个过程，我对他们也有了进一步的了解，彼此也会变得更加亲密。

但是，今天也并不是没有一点委屈感。刚刚结束一个项目，感觉身心疲惫，正准备什么也不去考虑，好好休息一段时间。然而就是在这个时候，一个后辈开始了一个新的项目。这个项目也需要全身心投入，但我现在还没有完全恢复，很难全神贯注地去工作。如果那样的话，后辈会对我很失望。他会认为对别人的工作能够全身心投入，而对他的工作却漠不关心。

尚日就是这种情况。直到上周前，我一直和型镇为开发和开展管理者教育课程而忙得不可开交。好不容易才刚刚结束，消除了全部紧张感。但是在这个项目结束前一周，尚日就开始了质量教育课程开发项目。那时候，我一直在忙于管理者教育课程开发的收尾工作，无暇顾及其他事情。也许对尚日来说，这确实是我的失误，但我真心想去辩解。

成为管理者后，比起普通员工时，可操控的范围更广了。对于自己的事情和时间能够自由调整，所以职务满足度也很高。不仅如此，还会有更多的自由，投入更多的时间和精力，去做自己喜欢的工作。在选择工作的先后顺序时，可以充分发表自己的意见，在自己感兴趣的工作领域也可以为公司尽微薄之力。对自己不太感兴趣的事情可以推迟，或者把不需要紧急处理的事情全部交给后辈去做。从这些来看，管理者确实是自由的。

但是，在小组中发生的所有事情最终都需要我来负责。对任何一件事情，都不可以置之不理，因此我根本没有休息的时间。组员们结束一个项目，在下一个项目开始前可以好好休息，但是我需要对所有项目负责，一年之内都没有休假。我反而更羡慕他们。

忍耐是管理者的必修课

　　我们借用位于山上的大学研修院来召开部门研讨会，从办公室到那里需要大约一个小时的行程。在都市的四车道上行驶着，转到了郊区的两车道上，路两侧郁郁葱葱的山林连绵不绝。到底还要在山林中行驶多久，这样想着，抬头一看，突然眼前豁然开阔，山顶下出现了几栋雅致的建筑物。有一种人与自然融为一体的感觉。远离现代的喧嚣，突然的安静让我有一种整个世界都停止了转动的错觉。只能听到风吹过的声音和树叶飘动的声音，偶尔还能听到几声鸟叫。居然还有远离都市的无声世界存在，这让我感觉很神奇。

　　型镇负责这次研讨会的组织工作。今天的研讨会主要确定部门的任务和规划。首先要确定我们的客户，商讨他们对我们有何期待，我们应该向他们提供什么。但是在确定客户阶段，意见就不统一，主要分为两派。在"我们的首要客户应该是谁"这个问题上，一部分人认为是负责管理和决定战略方向的管理人员，而其余的人则认为应该是接受教育课程的职员。双方都坚持自己的意见，互不相让。因为这一阶段的结果，将直接决定下一阶段的任务展开方向。

　　半个小时已经过去了，大家还在为"谁才是我们的首要客户"这一问题争论得不可开交，从氛围看，一时半会儿是得不出结论的。部长和我始终没有发表任何意见。而事实上，部长的意见将直接关系到最终决策。不管花费多长时间，部长还是希望通过组员之间的协商得出结论，在会前，他也是这样向组员承诺的。讨论还在继续进行，即使再过一个小时，也确定不了谁是我们的首要客户。照这样下去，就算熬夜也进行不了下一阶段。部长还是一句话不说，真不知道他到底在想些什么。

休息时间，我对部长提议直接进行下一阶段的讨论，这种火热的讨论场面需要被冷却一下。双方毕竟不是意见冲突、情感对立，通过休息多少会冷静一下，如果先暂停讨论的话，双方都可能会以一种全新的视角看待这一问题。

休息过后，部长却对他们说，这种热烈讨论的场面很好，就算今天得不出结论，讨论也要继续下去。看来部长是下定决心要挖掘出员工内心深处的想法。

为了确定首要客户，第二轮讨论正式开始了。可能是因为刚才休息冷静了一下，现在大家都变得少言寡语了。美静首先发言。一开始美静主张应该将职员作为我们的首要客户，现在她提出了一个调解方案。双方都设想一下，如果按照各自的想法确定了首要客户后，该如何开展下面的课程。此意见一提出，大家纷纷表示赞同。接下来，根据美静提出的意见，大家都争相说出自己观点的优缺点。这些想法反而让每个组员了解到了自己没有想到的层面，在一定程度上扩展了大家的视野。在那一瞬间，我再一次确认了集体学习的效果。

　　迂回曲折之后，终于达成了对首要客户问题的协议，但到了将部门的任务整理总结为文件的阶段，大家又是各执己见，大家对每个词、每句话都很敏感。看来就算讨论到很晚，也得不出结论。因为部长鼓励大家进行激烈的讨论，所以组员们都毫不掩饰地说出自己的想法，并把所有的意见罗列出来，类似的观点划分到一起。在整理总结的时候，哪怕是包含自己想法的一个词，大家也要据理力争，就这样将一些散乱的词整理在一起，组成句子，不合适的再拆解，再重新整理……好几次，看似快得出结论了，在最后的一瞬间，又轰然坍塌。就像校长的训话一样，一直在不断重复着"最后""最终"……

　　虽然经过了很长时间的唇枪舌剑，组员们却一点儿也看不出疲惫，反而讨论得越来越激烈。我很纳闷，他们的那些激情到底是从哪儿而来的？与他们相反，我很疲惫。两种意见就像是两条平行线，永远没有交汇的时候。每当他们重复着相同的话，永不疲惫地争论时，我的内心像有一团火在燃烧，胸口很憋闷，真想拍案而起"好了，都别吵了"。我就不明白了，真的有必要花费这么长时间去得出结论吗？还不如大家一起去喝杯酒，在酒桌上意气相投的时间不是更重要吗？

　　理论上来说，征求组员的意见达成最终协议确实很重要，但我万万没想到会花费这么长时间。从他们平时的表现来看，感觉大多数人的想法都类似，一旦真的摆到桌面上来讨论，他们的意见却截然不同。大概是因为在平时开会时，他们总是会倾向于与部长或我的意见保持一致，所以看起来想法才类似。今天，我再一次切身了解到组员的真实想法和价值观。

最终到凌晨两点钟时，才勉强完成了部门任务，此时我已经精疲力竭了。一句话没有说，只是看着他们讨论，没想到也会这么累。本以为会一直持续下去的讨论终于结束了，在会议接近尾声时，组员们显得异常兴奋，大家都好像陶醉在自己所取得的成果中。实际上，部长和我完全可以中断讨论，宣布决定，这样还可以节省不少时间。但今天的尝试却非常有意义，大家都发自内心地鼓掌，现在终于可以好好休息了。

一个团队刚刚成立时，往往需要制定部门任务和规划，这时一般只需团队负责人和几名管理者坐在一起商量，总结出优美的句子，然后与员工分享。但是，这样的任务和规划很难让员工接受，因为这其中并不包含他们的期许。粗糙些又如何？工作结果中包含每位员工的想法，没有比这更优秀的作品了。哪怕其中只有很少的部分包含自己的想法，但那是我们全部的成果，是我们自己的东西，这种感觉也是员工奋进的原动力。

共同任务和规划的过程比结果更重要。一起探讨的过程，有一种相互作用，了解彼此的想法。为了使整个团队融合为一体，每个人都必须把自己的想法说出来，然后把所有的想法铺展开来，共同商议探讨。会议本身就是一场展示想法的展览会。就像雨后，把所有潮湿的东西放在太阳下晒干一样，管理者也应鼓励员工把隐藏于内心的想法说出来，摆在桌面上一起探讨。为了实现这些，忍耐是管理者的必修课。

清洗水池与捡废纸的领导者

在洗手间偶然碰到了部长。我洗完手，刚想出去的时候，看到部长正在用擦手的纸巾擦拭水池。洗手的时候会把水池周围溅得到处都是水，到现在为止，我从来没有想过要擦拭一下溅到水池周围的水滴。因为我认为这些事情应该是清洁工的职责。然而，部长却用擦手的纸巾认真地擦拭着水池。实际上，擦掉那些水滴仅仅需要五秒钟的时间。我羞愧不已。

部长和我出了洗手间并排走在走廊里。突然，我们面前出现了一个小纸团，短短的一瞬间，我脑袋里一直在想"拾起来，还是不拾"。很快，我们走近了那团废纸。那一瞬间，我还在犹豫。还需一步，就会迈过那团废纸，但是部长弯腰拾起了废纸。我顿时脸红发烫，视线不知道放到哪里好。

以身作则，再没有比这能给予我们更多的感动和教训。"遵守秩序""整理好这些"说一百遍，不如以身作则的效果。只是命令员工"这样做""那样做"，自己却不付诸实践的领导者很难得到员工的信赖。得不到员工信赖的领导者，岂不是徒有虚名？

今天，我真是受益匪浅。

夏天

燃烧的欲望与
一触即发的矛盾

激情持续升温的季节，管理者在与周围人的碰撞中不断成长，通过与组员们的交流沟通，领导力也在日渐成熟。

好领导的资格

星期天早上的懒觉睡得很香甜。昨晚蔓延全身的疲劳感今早却犹如一股清风消失得无影无踪。阳光洒满了整个房间，躺在温暖的被窝里，闻着被子的清香味，感觉真好。一种幸福感油然而生。没有必要在休息日早早地起床去做运动，就让我尽情地享受这份懒惰吧。

醒后还不想起床，于是在床上来回翻转，直到厌烦，然后才慢慢从床上爬起来洗漱、吃早饭。在吃饭时，慢慢咀嚼每一粒米。这和平时吃饭截然不同，平时为了填饱肚子，经常会随便吃上几口，像是出于一种义务感。今天我再一次切身感受到，米饭只有慢慢咀嚼才会香甜。

我穿上一件白色 T 恤和一条薄裤子，走出家门散步。被春天阳光照耀的山冈此时已绿树成荫，深绿色的阳光把一个血气方刚的 30 多岁小伙子的身影拉得很长。前几日还柔嫩如婴儿皮肤般的树叶，如今却如此的繁茂苍翠。夏天早上穿透树林照进的阳光依然很柔和。树林中的清凉感和早上温暖的阳光让我神清气爽，伴随夏风一起散步，心情无比舒畅。

"在这世上，哪些事情做起来很困难？"我想起智胜昨天讲的一个笑话。"连续吸十根烟、吸烟时一次也没弹烟灰、三天不吃饭、听妈妈的话、买正版游戏 CD、减肥、尊敬国会议员、看电视想换台时没有遥控器、一分钟背一个英语单词、去 KTV 却不点歌、尊敬职场上司……"虽然很难对国会议员肃然起敬，但尊敬职场上司也不是一件容易的事情。组员们茶余饭后谈论嘲笑的对象总是身为他们宿敌的职场上司。国会议员经常被笑星们当作幽默素材给观众带来欢笑，而职场上司也免不了成为员工每日的笑料。上司的举手投足都会对下属产生直接的影响。

　　我要认真想一下，怎样才能成为一位出色的领导者。在学校、在俱乐部、在职场……每个人都会对其他人产生各种各样的影响，从这一点来说，所有人都是领导者，不管愿不愿意，都扮演着领导的角色。对于领导的职责，"做"很容易，"做好"很难。想要做好所有事，就要学会其中的方法。想要好好去爱，就要学会爱的方法。如果爱花，就必须具备一些养花的必要知识，如浇水的周期、每次浇水的量、施肥的方法和接受阳光的时间等，并将这些知识付诸实践。

　　在动物世界里，狮子和牛一见钟情，相爱了。它们每天都很幸福，没过多久，狮子和牛就结婚了。它们尽各自最大的努力去爱对方。狮子为了牛，每天都努力地去捕猎美味的肉食。牛虽然很痛苦，但还是忍耐着。牛为了狮子，每天都努力去采摘鲜嫩的小草。狮子虽然很讨厌，但还是忍耐着。它们都认为尽了自己最大的努力去爱对方，虽然心中有很多的不满，但却丝毫也没有表露出来，用一颗爱之心包容着对方。但是它们的爱并没有持续多久，因为忍耐也是有限度的。最终，狮子和牛还是分手了。分手时，它们都留给对方一句话，"我尽了自己最大的努力"。

　　在公司中，刚刚升职为管理者的人犯下的最大失误之一就是，认为在成为管理者后远离实际业务的同时，也可以远离曾经身为普通员工所应承担的责任。

　　这种想法本身就是错误的。相反，管理者要对所有的工作都负责，管理者的职位并不是完全脱离了实际业务，而是要领导和指引员工更好地去完成实际业务。首先，他们要对公司的业务进行定义、制定好方向，然后通过员工实施，因此可以说公司中发生的所有事情都是管理者的工作。中层管理者更是这样。之前只需要对自己所承担的工作负责，而现在要负责的范围还包括组员的工作。因此，管理者应该比普通员工更努力地工作、学习，只有这样，后辈们才会信赖并愿意追随。

　　实际上，很多管理者总是在普通员工上班之前，就早早地来到办公室，并且会很晚才会下班；不仅如此，休息日也会去上班。他们更喜欢在这安静的时刻不受打扰，全神贯注地去处理一些重要的事情。当然，管理者需要具备更多的信息和知识以及更丰富的工作经验，但是仅凭这些，仍很难成为优秀的管理者。如果对工作不尽职尽责，是无法命令员工"这样做，那样做"的。尤其是那些自己不熟悉的领域，如果不进行深入的学习，更是无法做到正确引导员工。

　　穿过树林的风吹动着我的头发，远处的热气正在天空中蔓延开来。穿着运动裤和 T 恤的两名青年流着汗从我身边跑过，他们身上散发的朝气和健康的气息在周围飘扬，阳光照耀在他们一耸一耸的肩膀和柔滑的腿部肌肉反射出耀眼的光芒。

夏天来临了，树林也开始散发出浓浓热气。伴随着这个炎热的季节，我的领导力也将日渐成熟。

先听完组员的话再作判断也不迟

"呀，不是那样的。"

"这是什么呀，真是的。"

全部长一看到资料就不满似的抱怨着。组员们轻轻叹着气，像泄了气的气球。正在作报告的金科长瞬间手指如麻痹般，手中的笔掉落到地上。组员们一整天绞尽脑汁想主意，并经过激烈讨论而得出的成果，只在一瞬间就轰然坍塌了。为了去和金科长商讨有关组长教育课程的问题，我去了他的部门，刚好目睹了这一幕。金科长用手示意让我出去等他。

在公司经常能见到这样的场面。对组员们制定的报告书或资料，管理者大致看一眼，如果达不到自己的想法或期望，就会立刻大声斥责。这样做深深地打击了组员们的工作积极性。管理者根本不会给组员们解释的机会，他们认为大致看一眼就能推断出全部内容，根本没有必要听他们详细说明。

我想起了前不久看到的一个笑话。

春福和英实经常在地里做农活。有一天春福跑着找到她的朋友英实，大声问道：

"喂，上次你家牛腹痛的时候吃的什么呀？"

英实回答道：

"吃的面粉和糖浆，怎么啦？"

英实刚说完，春福来不及回答，就跑回了家，立刻给倒在地上口吐白沫的牛喂了面粉和糖浆。但是不到四天，牛就死掉了。春福很生气，就找到英实质问。

"我按照你说的给我家牛吃了面粉和糖浆，结果牛却死了。这到底是怎么回事呀？"

英实回答道。

"是吗？事实上，我的牛也死了。"

春福如果能听完英实的话，也许牛就不会死了。这就是没有听完对方所说的话而发生的悲剧。

我的性格也多少有些急。昨天只看了美静报告书的第一页，就对她说：

"这样做可不行，这是什么呀？不是有点奇怪吗？"

接着，我又翻到第二页，同样还是不满意。在我看来，报告书逻辑混乱，结构松散。没等美静开口说任何话，我就说出一大堆我的想法。美静的眼一直盯着报告书，身体如石头般僵硬，一副恐慌的表情，最后她才开口说话。

"组长，您也不听一下我的意见就一直在说，那我算什么啊？这样就好像是我真的是一个没有任何想法的人，这也是我经过了苦思冥想才作出的报告……"

我顿时愣住了。是呀，我应该先听一下美静的想法。她为制定这份报告书，肯定也付出了很多努力，我却完全无视这些。虽然对美静道了歉，但却已经深深地伤害了她。哎呀，我这急性子……多等几秒钟就好了……就算和我的想法不同，也应该先听她说完啊，最终却这样匆匆作了判断，没有给她任何辩解的机会。听她说完自己的意图和想法，再作判断也不迟呀。顶多需要等三四分钟的时间，而我却直接否定了她一下午的劳动成果。

"我的想法很正确吧，那么就照我所说的去做吧！"

人们认为这样会很有效果，但事实上，对方并不会发自内心接受。因为如果自己的意见被忽视，就等于自己遭到践踏，因此使双方产生共鸣，这才是最重要的。

"大家辛苦了。"

"你的意见很有价值。"

首先要认可对方，建立一条感情上的纽带，这样才能打开沟通之门。由此可见，倾听组员的意见，这才是管理者的首要工作。

公司会餐很重要吗

晚上，组员们一起在公司附近的海鲜自助餐厅举行了会餐。符合每个人口味的料理和蔬菜沙拉代替了肉和汤，碳酸饮料和扎啤代替了烧酒。真是一场与众不同的聚餐。组员们把美味的食物和饮料放在盘子中端到各自的位置上，每个桌子上都不断传出笑声。热闹的氛围持续一段时间后，大家就都回到自己位置上，安静地等待部长发言，然后大家共同干了一次杯。不仅如此，大家还端着食物到处走动，如果想和某位同事一起聊天，就会坐到他身边，和他一起玩耍吵闹。这种会餐与原来的方式大相径庭，虽然稍微有些尴尬，但是别有一番滋味。

原来的会餐是以上司一个人为中心。上司以一种严肃的姿态坐在桌子中央，组员们都很安静。而打破安静的只有餐厅服务员上菜的声音，大家一句话也不说。吃饭期间，大家会在上司的说教中度过一个小时，让人感到压抑。

我原来的一个上司说过"公司请大家吃饭，当然要说一些有关工作的事情"，因此经常会在会餐期间商议一下现在进行的工作和将要开展的工作。会餐结束后，所有人都不知道吃了些什么，心里很烦闷。

连定会餐的时间，都是上司在下班的时候突然说一句"今天晚上举行会餐怎么样"。虽然也有提前告知的时候，但大多数都是这种突然状况，即使有别的约会，大家也都不敢缺席会餐，虽然心中愤慨，也只能推掉约会。

而现在组长如果提议"今天晚上聚餐怎么样"时，几乎没有人像原来一样，即使有约会，也会痛快地回答"好"。如果有其他私事，大家都会大胆地说出来。还有在决定时间的时候，会尽量避开星期五。因为在星期五会结束一周的工作，大家都认为星期五晚上是私人时间，不想受到公司事情的打扰。

聚餐是从原始时代延续到现在的一种共同体生活形态。由为了生存的需要通过集体无意识传承而来的行为，即原始人结束集体打猎后为了庆祝胜利，歃血为盟的行为。随着时间的流逝，用葡萄酒代替了动物的血，但是鲜红的血带来的狂热的兴奋和激情，以及一体感的寓意依旧没有变。因此，会餐还体现着原始时期只有团结才能生存的人类的本能。被集体所排斥，就意味着生存受到威胁，因此，一起吃喝的行为旨在凝聚力量。

为了小组的融洽和团结，还有一件事情比会餐更重要，即在日常中实现团队协作能力。在工作期间助长激烈竞争或制造尖锐矛盾的同时，又想通过会餐来增加组员间的亲密感，这时候，组员们的心情会如何呢？有矛盾的组员们面对面地坐在一起吃饭，这样的聚餐氛围果真会融洽吗？和不喜欢的人待在一起，会有一种度日如年的感觉，再美味的食物也如同嚼蜡。

最终，确保小组工作顺利展开的根本，是在平常实现团队协作能力。在公司中，员工因工作结合在一起，又通过工作有了不可分割的关系，因此，管理者应尽职尽责处理好这种关系，以保证员工工作顺利。

组员是管理者最好的镜子

　　这几天，秉国的态度和平时有些不同。原来即使是休息日，也会时不时地给我发短信或打电话，但是这几天和我却没有任何联系。去研修院查看教育进程的他，也一直没有告知我教育进展情况。就算没有需要汇报的紧急状况，也应该和我说一下啊。前几天即使没什么重要的事，还经常给我发信息或打电话。而且，他还常常会在教育课程结束时，向我汇报结果并且会绘声绘色地给我讲一些这期间有趣的事情，但是最近却一直没有消息。

　　仔细想想，最近他的话语中好像透露出一些不满和火气。在组员全部参加的会议上，他也一言不发，只毫无表情地呆坐着或只盯着材料看；必须要发言时，说话也很尖锐。平时，对于小组的事情，他比谁都上心，而现在却丝毫不关心需要小组共同完成的工作。他好像对我有很多的不满，内心受到了伤害。他为什么会那样？或者，我做了什么事，让他感到不高兴了？我仔细想了想最近和他有关的事情，却没有找到答案。

　　上午，我一直在想这些问题，但还是一无所获。想着出去吹吹风，于是我拿着一杯未喝完的咖啡上了天台。这杯加糖的咖啡虽然散发着馥郁的香味，但太过甜腻。这栋建筑物前面的街道上车辆如江水般流动着。红灯亮时，行驶的车辆全部停了下来，而另一方向的车辆却开始移动。这流动和停止的反复是多么的自然啊。好一会儿，我都呆呆地看着车辆的移动，无意识地喝了一口已变凉的咖啡。这时的咖啡像是放了糖精，猛烈的甜味和苦味一下子涌上来，实在无法下咽，只能全部吐掉。

前几天一起坐车去研修院，我拿他和型镇作比较，是不是他生气了？我比谁都喜欢、爱惜秉国，所以我希望他能做得更好。在公司，除了赞扬，还需要一些批评。为了能让他做出一些成绩来，才拿他和型镇比较的……难道真的是因为那件事？不会的。

下午，型镇结束了研修院的教育课程，回到办公室。没有向我打招呼，也没有向我汇报课程情况，直接坐到了自己的位置上。在见到他的瞬间，我的脸顿时如着火般发烫。非常寒心，现在连见他一面都很难。我到底做了什么，让他如此对我？在想这个问题的同时，我还感觉到一种背叛。我平时信赖、爱惜的家伙居然对我如此冷漠无情，这让我实在无法忍受。对我有什么失望或不满，可以直接说出来啊。以沉默无言示威的他，真的很让人讨厌。

下午，我一直在想秉国的问题。对他态度或行为的失望感，以及不知是否给他带去伤害的自责感，混杂在一起。这段时间，我简直如坐针毡，只盼着早点儿下班。

我忍受不了这种状况，于是叫他晚上一起去吃饭。在去附近餐馆的路上，我们一句话也没说。点了几样清淡的菜和几瓶烧酒，我们相对而坐。

开始两人什么话也没说，先喝了三杯烧酒。

"呀，秉国！你是不是对我有什么不满？如果有的话就说出来。虽然很对不起，但是说实话，我不知道你为什么这样。"

秉国摆弄了一会儿酒杯，然后一饮而尽。

"我呢，原来很喜欢组长您，最近却很讨厌。我不管做什么事情，都听不到您的赞扬，只会听到您的批评。"

我给他倒满了酒，然后他接着说，

"两周前的星期天加完班，快累死了，但您非得带着我们去喝酒。我和其他组员一样，因为太累了只想早点回家休息，但还是如您所愿，一直喝到很晚。我当时就感觉您太不照顾我们的感受。但是因为这样的事生气，未免显得我也太小心眼了。这件事就算这样过去了，因为这样的事对您失望，也会很伤我的自尊心。"

我想起了那天的事。工作堆积了很多，所以我就叫他们休息日来加班。但工作比想象的还要多，一直加班到很晚，工作完成后就叫他们一起去喝几杯啤酒，因为周末也没能让他们好好休息，心里感觉很内疚，想以此抚慰一下他们。一开始他们都说很累，想直接回去休息，但我却一直坚持让他们去。然而，他们却不理解我这份心意，居然还认为我是不照顾后辈感受的人，并对我表示很失望……我真的很委屈。

他又接着说，

"第二天您指出我所提交的报告书中的很多问题，对吧？但那是因为前一天的疲劳还没有完全消失，身体很不舒服。但是您却当着全体组员的面对我说'打起精神'。从那以后，不管您说什么，我都感觉很刺耳，都听着像是在指责我。这些事都是一些小事，给您抱怨这些，我觉得很丢人。但是这些小事情一直堆积，就像滚雪球一样，对您的不满情绪也就越滚越大。"

我也记起了那件事情。看到眼皮耷拉、毫无精神的秉国，我就像平时一样开玩笑似的对他说："呀，打起精神。"而他却误解了我的意图。他是我最喜爱的家伙，我不想和他疏远，因此向秉国进行了详细解释，并说了好几遍"对不起"。

误会是由一件件琐事堆积而成的。我们很少看到大事件会酿成大错，因为大事件经常会给当事人带去冲击，因此不管怎么样，人们都会想办法在短时间内把问题解决掉。但是，小事情不易显露出来。偶然显露出来还被别人说为小心眼，因此只能隐藏在心底。像这样被堆积起的琐事会散发出阵阵恶臭，慢慢腐烂，最终导致关系很难再恢复。真正能成为问题的不是大事件，而是小事情。因此，只有将认为是微不足道的小事情说出来，才能维持健康的人际关系。我认为如果有什么不满，可以像是开玩笑似的轻松说出来。但这只是我的想法，后辈们也许不这样想。管理者与员工之间有一级无形的台阶，也许迈上这个台阶并不容易，那只有我向下迈一步。

组员是管理者最好的镜子。看到组员的行为，就可以知道管理者的领导力如何。因此，如果发现组员行为异常，在指责他们之前，先反省一下自己。组员就算对前辈或上司有不满之处，也不会直接说出来。很多管理者都会说，后辈们如果有什么不满，可以坦白地说出来，还说已经做好了倾听的准备。但是，真正制造与员工坦诚相待谈话氛围的管理者，好像并不多。这些管理者只会说"即使让他们说，也没人开口"，将责任推在后辈身上。因此，我们管理者在让组员坦诚说出心声的同时，还要确保和谐的谈话氛围。

只用眼睛看便可略知一二

　　美静正在清算语言学教育费用，其中有一些不清楚的地方，就过来问我的意见。刚好我正在读一条很重要的邮件，一直盯着电脑看。我一边解答美静的问题，一边点击着鼠标。不知道是不是得到了她想要的答案，美静转身回到了自己的位置。给她解答了问题，但不知道为什么，我心里却很不舒服。但那也只是暂时的，很快我又盯着电脑看起来。

　　下午，我打开了今天刚为教育课程开发而采购的教材。这是关于上司和下属沟通方法的一本书，打开书的瞬间我就惊呆了，这本书所描绘的不就是上午我对美静的所作所为吗？作者强调倾听的重要性，并将最低层次的倾听称为"伴侣倾听"。妻子说话时，丈夫一边看报纸或看电视，一边敷衍着回答，伴侣倾听指的就是与此场景类似的无诚意的倾听。甚至以"呀，你安静点儿""一会儿再说"打断对方的话。最低层次的倾听居然是从夫妻间谈话中体现出来的，对于这一点，我感到很悲哀。这一层次的听者不会直视说话者，只有声音和声音在半空中来来回回，却没有感情上的交流。今天早上，我的倾听就属于倾听五个层次中的最低一层——"伴侣倾听"，想到这儿，我的脸霍地红了起来。

　　后辈说话时，直视着他们的脸，这样会显得更好些。转过脸去，对视着他们的眼，这也不是一件很难的事情。我感到很后悔，一开始也不是这样的。有时候，脑袋里明明在提醒自己"将身体转向正在说话的后辈"，却还是一直盯着电脑看。就像在梦中遇到了危险情况，潜意识中有个声音会说"快点儿从梦中醒来吧"，但却怎么也醒不过来。习惯真可怕。自己是普通员工的时候，面对这样的上司，心里也会在想"看我们一眼就这样困难吗"，而现在我居然也变成了这个样子。每次当组员转身回到自己的位置上时，我都会很后悔，但下次还是依旧重复着这种行为。

"说起来容易，做起来难"，这句话大概形容的就是这种状况吧。越是小事情就越容易被忽略，因此这种小事情不是更应该被时时刻刻地强调吗？当组员在汇报工作时，首先要确认一下是不是很紧急的事情，如果不是的话，可以对他们说"可以等一下吗？我有紧急的事情需要处理，你的事情我们等一下再说，好吗"。如果当时能这样做，该多好啊。

尽管有时候有紧急的事情要处理，但是组员们却不理解。他们认为上司要为解答他们的疑问随时做好准备。在后辈们看来，上司就犹如"五分钟警报组"一样，当他们在工作的过程中遇到疑问或困难的时候，一按呼叫按钮，无论何时上司都会跑过来替他们解决问题。但是，上司也需要有集中精力工作的时间，实际上也应该全神贯注地去工作。上司正集中精力埋头工作时，组员们突然插进来，精力瞬间就会分散。就像拼图一样，将散乱的图片一个个拼接在一起，这需要重新集中精力。好不容易才到达刚才停下来的部分，刚想进入下一个阶段，又一名组员大叫了声"组长"，打

破了安静。那种全神贯注工作的紧张感顷刻坍塌，一切又要从头开始。人
与人之间稍许会有些差异，但想要再次全身心投入工作中，都需要一定的
时间。因此，有些管理者需要集中精力工作时，会选择一个不受别人打扰
的安静地方。管理者也需要有自己的时间，希望后辈能够给予体谅。

　　组员来找我进行商议或寻求帮助时，我理所应当要做到倾听。我决心
将其付诸实践，于是在本子上这样写道："在我工作期间，组员来找我时，
首先要做到转过身面向组员。如果有需要紧急处理的事情，要寻求他们的
谅解，然后再约定时间见面。"

哪有不忙的人

"他到底有什么了不起的？我们难道是因为没什么事可做，才拿着扫帚和抹布去打扫卫生的吗？"

秉国夸张的声音在闹哄哄的屋子里显得格外响亮。

"就是嘛，朴代理总是很例外。"

政勋接着秉国的话说。

"为了整理仓库，我们每个人都在积极劳动，只有他自己对着电脑工作，这像话吗？而且还不止一次。再说了，今天组长都亲自出马去整理仓库物品，他自己有什么可忙的？"

秉国一口气喝光了手中酒杯里的啤酒，将对朴代理的不满和失望之情全部吐露出来。

"是啊，是啊，他就是这样的人。"

到处是声讨之声，所有人都将矛头指向了型镇。大家聚在一起喝酒的场合，瞬间变为对型镇的声讨大会。

今天下午搬迁图书室。在旧图书室里，教材、图书和一些材料胡乱地堆放在一起，找起来很困难，而且空间也很狭小，因此公司决定将图书室搬到更宽敞的地方去。既然要实施这么一项大工程，干脆决定连很长时间都没整理过的教材库一起整理。早上开会的时候，我对组员们说，有紧急工作需要处理的人员可以留在办公室，其他人都要参加。

从下午三点开始，所有参加人员分为两路，分别去图书室和仓库。但是，型镇却自己坐在办公室，一直将视线固定在电脑屏幕上，专心致志地工作。秉国和政勋等几个人看到型镇后，脸色很难看。

"呀，呀，赶快去干活。"

秉国带着政勋匆匆忙忙地出了办公室。我们干了将近两个小时才忙完所有的事情，看着干净、整齐的图书室和仓库，非常满意。就像是在军队点名前利落地整理干净观物台一样，书和物品都整整齐齐地摆放在柜子上。大家都激动地相互击掌，并约好晚上一起吃晚饭。

大家都兴奋地谈论着今天那场激烈的战斗及其中发生的有趣小插曲，但是没有人和型镇交谈。型镇除了和坐在对角线的我说一两句话外，直到聚餐结束，也没有参与大家的谈话。说得准确一点儿，大家都不想和他说话。

"组长，说实话，哪有不忙的人啊？"

秉国有些微醉，问我道："在整理教室时、安装投影仪时，朴代理哪次帮忙了？"

看到旁边的政勋点头表赞同，他继续问道。

"在酒场上和我们闹不到一起，这是性格问题，我理解。型镇虽然入公司比较晚，但是年龄比我们大，我们不是也一样把他当作前辈对待吗？那么他应该做得更好，不是吗？小组的共同事情，他都不参与。部长和组长却都说他做事认真，很喜欢他，难道不是吗？"

"我什么时候说过很喜欢他啦？我会给型镇说清楚，让他以后不要这样。来，喝酒吧！"

组员们一直在说着型镇的种种不是直到很晚。我每次在干杯的时候，都会向他们保证，一定会给型镇说清楚，让他改正。他们也表示相信我。

在我们小组的工作中，有许多需要组员共同完成的工作，例如，整理新员工的教材或手册、工作证、工作服等物品，检查整理教室的设备和常用品、库存清查、公共物品管理等。很多情况下，型镇都不参与。有时候是组员照顾型镇，有时候则是型镇以工作繁忙为借口缺席。但是长此以往，组员们渐渐积累了对型镇的不满，如果直接给型镇说，又会显得自己小心眼，因此经常就得过且过了。但是因为今天的事情，大家心中积累的不满情绪全部爆发了。

事实上，很少有人忽视大事或重要的活动，为此而受到伤害的人也并不多，人们总是因为一点小事情而伤感情。看似微不足道的小事在心中慢慢积累，就如同蜘蛛网一样，交织缠绕在一起，最终很难将其解开。向盛有满满清水的水桶中加一滴墨水，一开始并没有显示出什么不同，反复加入，最终整桶水就会变得混浊了。同样，将小小的不满积累在心中，早晚会成为心头病，小事酿成大错。虽然这期间我也经常听到关于对型镇的抱怨声，但像今天这样共同讨伐他的情况还从来没有过。我对他们所说的也产生了一些共鸣，同时也感觉型镇很孤独。

　　第二天，我把型镇叫到一个空教室里，将昨天晚上发生的事情一五一十地全部讲给他听。他很快就领会了我的意思，一边说自己不是故意的，一边保证以后一定积极参加集体工作。他还拜托我说，如果有一些需要组员一起完成的工作，一定要叫上他。在第二天的会议上，他还当着所有组员的面许下承诺。如果打开心扉、坦诚相待，我相信一切皆有可能。

只要我说"OK"，上司就不会说"NO"

怎样和上司沟通才能提高工作效率？今天我给大家分享两条原则。与上司有效沟通，不仅能够提高工作效率，而且能获得信赖。

第一条：二八法则。

今天召开了常务与所属组长间的恳谈会。在会上，大家各自汇报了一下近况，并且商议了 HR 前进的方向。常务还提出了在职场中与上司对话时的二八法则。二八法则意味着与上司的对话中，80% 的内容同意上司的意见，20% 的内容主张自己的意见。如果完全同意上司的意见，会被认定为没有任何想法的人，但如果完全反对上司的意见，则会被上司视为眼中钉。如果上司的意见不违反常理，就表示支持，并适当表露出自己的想法，提出更好的方案，这么做很容易得到上司的喜爱和赏识。

第二条：预先交流的魔力。

我的同事金科长给我讲了一个故事。有两个科长在同一部门工作，A 科长提交的报告书或计划书，几乎全部一次性通过，而 B 科长却经常碰钉子。其实，B 科长并不比 A 科长懒惰或无能。相反，B 科长比 A 科长更努力，花费的心思更多。问题在于两人和上司的沟通方式不同。

A 科长经常采用非公开的方式进行沟通：无论准备何种计划案，通过预先与上司以非公开方式沟通，了解上级的想法；休息时间、午饭时间或者汇报其他工作时，都会附带提一下自己的计划案，提前听取上司的意见；最终按照上司所想的方向，整理自己的想法并制定报告书，向上司汇报，使工作顺利展开。

反之，B 科长则倾向于直接提交已完成的报告书。虽然有时候也会有独创的计划和新颖的想法，但如果精心准备的报告书与决策者的意图和方向不同，在协调意见时反而会花费更长的时间，甚至有时候还需要对报告书或计划书进行全部修改。

上司的意见并不完全正确，但是在确定整体方向时，没有反映上司想法的报告书是很难获得支持的。这并不代表说要百分之百地反映上司的意见，而是强调了预先沟通的重要性。我认为这也可以说是一种变革管理，和其他部门同事一起工作时也同样适用。提前进行充分的沟通，然后再展开工作，这种方式比直接通过正式文件告知对方效果更佳，更容易获得对方的协助。

我经常向后辈们保证，我所批准通过的报告书是不会被退回的，前提是所提交的报告书一定要符合我的要求。我还向他们承诺，只要符合我的要求，报告资料绝对不会被要求重新修改。实际上，只要我说"OK"的报告书是不难得到部长和常务批准的，其秘诀就是采用了 A 科长的方式。在对组员安排工作或制订计划之前，我会预先与部长进行交流，把握他的想法。事实上，部长也倾向于预先交流，如果是需要常务决策或与其他部门进行协商的提案，也会提前听取他们的意见，明确他们的要求。因此，我与部长提前进行沟通，也可以把握其他上司的想法。

    我也要和后辈们一同分享这两条原则，特别是金圣珠代理，她总是自己一个人完成报告书后才向我汇报，所以她的报告书经常会被退回或被要求重新修改。因此，我要对她特别强调一下预先交流的必要性。

人活在赞扬声中 I

　　公司报纸上刊登了以员工为对象实施的问卷调查结果，主题是员工怎样看待和上司的关系。员工最希望从上司那里听到的话，第一位是"真有你的"，其次是"辛苦了""吃了不少苦吧"等。位于前几位的都是称赞和激励的话，称赞和激励最能使人心情愉悦。"材料整理得非常好""计划案真新颖"，听到诸如此类的话，虽然有些难为情，但心里却很开心。假设偶然碰到很长时间没有见面的人，他对你说"怎么变得这么帅了"时，明明知道只是一句客套话，但你一定也会笑得合不拢嘴。

　　最近，比起对我的称赞，我倒经常听到对我组员的称赞。每当这时，我都会高兴得手舞足蹈。因为我认为，称赞我的组员就等于称赞我。不是有这样一句话吗？"称赞能使鲸鱼跳舞。"如果早上受到了表扬，一整天也会好事连连。

　　称赞如同照射在人类精神上的温暖阳光一般，没有它，我们就无法成长开花。但是，我们大多数人只是善于对别人冷言冷语，而吝于把赞许的温暖阳光给予和我们生活在一起的人。

——戴尔·卡内基

我们公司内部网络有一个"称赞系统"。这是为了让感恩的人们来表达自己内心谢意而建立的，给予称赞或接受称赞的员工都会有积分。每月都会选出"称赞王"，并给予祝贺。但是研究所的一位同事说，他的目标是达到满分（10000 分）。每称赞一次会得到 5 分，要想达到满分，需要接受或给予称赞 2000 次。真是一位很了不起的人物。

那么，为什么要建立这样一个系统，并公开举行"称赞活动"呢？现实生活中人与人之间缺少称赞和激励，这样做可以制造出称赞和激励的氛围。

任何人听到称赞，心情都会很愉悦，但为什么人们又如此吝啬对别人的称赞呢？

"我们吝啬称赞，是因为我们很少接受称赞。"

某位前辈这样说。小时候，我们经常听到的是批评而不是称赞，因此我们对给予称赞也很生疏。赞扬的话已藏在我们内心深处，被覆上了厚厚的灰尘，即使我们想给予别人称赞时，也很难找到这些话语。相反，指责或批评，一打开门就犹如泉水般涌进来。

仔细想想，我对别人的称赞也很吝啬，甚至都记不起上次称赞或激励组员是什么时候了。是因为如果组员做得好，我认为是"理所当然"？还是因为平时工作繁忙没有时间来说这些赞扬的话？"到底还是得学一些称赞的语句啊"，很多领导者都会这样说。这句玩笑话听起来多少有些否定意味，但我也会有这样的想法。我也曾认为在日复一日的职场生活中，很难找到称赞的语句。坦白地说，我也从未试图过去称赞组员。只有在组员取得很了不起的成绩时，我才会给予赞扬，这也许可以看作是一种褒奖。

有的领导者会说"经常称赞，会使感觉钝化；稍许称赞，会使激情荡然无存"，或者"称赞会使一个人骄傲。要想使员工的头脑时刻保持清醒，就要吝惜称赞"。所有的一切都是物以稀为贵，因此频繁赞扬会使它的价值缩水？偶尔给予一次称赞，组员们反而会更高兴吗？

但是，称赞是"物以稀为贵"这一原则的例外，就犹如泉水般，常年涌出也不会枯竭。称赞即使听得再多，也不会让人厌烦。

有些人会担心经常称赞或激励同事，结果对方比自己更优秀，因此他们认为称赞是消极的。古代罗马帝国的统治者尤利乌斯·恺撒曾说，"嫉妒和猜忌是失败者的语言"。换句话说，称赞是胜利者的语言。我们没有理由对有信心的人吝啬赞美。

现在，我们对称赞还是依然很吝啬。称赞也是一块肌肉，只有经常运动，才会更结实。同样，如果经常听到称赞，头脑之中的赞美语句就会越来越丰富，在某一瞬间，就会轻而易举地称赞。应该多锻炼这块"称赞肌肉"。我决心，从明天开始，即使组员有微小的进步，也要怀着感恩之心赞美对方。

人活在赞扬声中Ⅱ

美静拿来了上个月的业绩报告书，里面一个数字也没有错。

"太完美了！计算了这么多数字，居然连一个都没有错，你真是太了不起了！"

我称赞她道。

"组长，您这是怎么了？说得我都不好意思了。"

美静的脸霍地红了起来，虽然很害羞，却开心地笑着。我心里也美滋滋的。

称赞会使对方心情愉悦，我的内心也豁然开朗。我再一次切身体会到称赞的力量，今天一整天都觉得自己好像在空中飘着。

利落的后辈和慢吞吞的后辈

今天上午，尚日拿来了有关教育课程改善方案的审核资料。两天前，常务让我制定一份教育课程改善方案，而我把这项工作交给了尚日。我打开了他准备的报告书。在报告书中，他指出了质量教育现状并提出了问题，最后还提出了改善方案。两年来，尚日一直负责质量教育课程，并且在那期间，他还从授课老师、参加者中获得了很多信息，因此没有人比他更了解这一领域。他的改善方案就是以这些经验为基础而提出的。

乍一看，报告书无可挑剔，但是我却感觉他的报告书中好像缺少些什么。整篇报告很难从中找到富有新意的想法及苦思冥想过的痕迹，如果满分是 100 分，我认为这份报告书只能得 72 分。

尚日根据自己的经验直观地将脑海中的想法落实到纸面上，但是只停步于此，再无突破。对他来说，比起深度，速度更优先，有时候，错字及表达不当的句子和单词很显眼。他的表达很随意。看他的报告书，对突然出现的荒唐表达，一开始只是一笑而过，但是这种事情反复发生，我就开始对他很生气。

尚日做事的方式属于通过与我进行几次商议后才制定出报告书的类型，这样的话，就能够一开始就能明确制定的方向。业务已经进行很长时间后换方向，那么之前的工作都会付诸流水，不能不说是一种巨大的资源浪费。他的做事方式可以预防这种情况的发生，减少资源浪费。但从我的立场看，真的很让人厌烦。每次都是与我商议后，转身就制订出计划案，几乎找不到冥思苦想的痕迹。有时候，我都怀疑他直接把我的想法照搬过来。每当这时，我就在想"这家伙到底有没有想法"。因此，我总是对他说"公司不会因为你提供了重复劳动而支付你工资，而是需要你冥思苦想去为公司创造价值"，以此来刺激他，但是并没有多大效果。

反之，世源就不同了。他总是很晚才提交报告书。准确来说，每次都会在超过截止日期一天后才拿来自己的成果。他心思缜密，这一点恰好与尚日相反，因此做事总是很慢。为了制订出一份计划书，他会找到数十种方案，绞尽脑汁选择每一个词，每一个句子的完成都可以说是呕心沥血。每次见到他时，他都在紧盯电脑，皱着眉头思索问题。制定出的报告书完美得简直无可挑剔，甚至连一个错别字都找不到。他的观点总是很客观，不掺杂任何感情因素。内容虽然不充实，但完美的表达、精练的用语使整份报告书看起来很精彩。他的报告书中体现的思想很深刻，看来是花费了很多时间和精力。最大的问题是总不能按时完成。

虽然通过深思熟虑，可以制定出完美的报告书，但是如果方向错误，报告书中就算包含很多新颖的想法，又有何意义？方向偏了，越努力，结果只会越糟糕。正确做事并不重要，重要的是做正确的事。还有，他总是按照自己的想法安排工作日程，但上司却很想知道工作进展得如何。临近截止日期才交上的报告书，如果发现与上司的想法完全不一致，处理起来会很棘手。

如果两个人的做事方式适当结合一下就好了。难道就不能做事又快又慎重吗？两个人都有各自的优点。一个做事迅速，一个做事慎重。该分别给予两个人什么样的建议呢？我思考了很长时间。

首先，建议尚日增加两个富有新意的想法。根据经验而获得的想法已经体现在报告书中了，除此之外建议他再去找寻两个新颖的想法。他做事本身就很快，别人制订一个计划案，他能制订出三个计划案。因此，他完全可以有充足的时间搜集更丰富的资料，并制订出更完善的计划书。

我对世源提出的建议是，在他制定报告书之前，先提前找我来商议一下报告书的方向问题。同时，还建议他在中途来找我汇报一次，对报告书进行审核。通过这种做法，既可以减少资源浪费，又可以督促世源按时提交报告书。

我忙得没时间照顾后辈

  三个月的时间在不知不觉中流逝了。最近一直忙于开展教育工作，尤其是在公司外部场所开展教育课程的这段时间，简直是稍纵即逝。早上睁开眼没多久就到中午了，吃完午饭一转身又到晚上了，很快又到睡觉时间了。一天如白驹过隙般转瞬即逝，好像才过完星期一早上，转眼间就到了星期五下午。我该喜还是悲？是该为早早到来的休息日而感到高兴，还是该为稍纵即逝的时间而感到悲伤？

  穿梭于办公室和外部教育场所，在路上度过的时间像梦一样虚无缥缈。这段时间开展了几次以全体员工为对象的大规模教育培训，每次二三百人，培训地点也是在公司外部，所以这段期间我将全部精力都放到了培训上。很多人都聚集在一起，不知道会发生什么事情，因此一刻也不敢放松警惕。很幸运的是，没有发生任何事故，教育培训顺利结束了，我悬着的心终于可以落地了，那种感觉就像是做完了一年中一半的农事，心情无比轻松。持续三个月的大规模教育培训就这样结束了。

  那段期间，一周有一半时间是在办公室外面度过的，因此组员需要与我商议后整理的工作堆积如山，虽然我也可以通过邮件或电话调整业务或对报告书内容提出意见、进行审批，但是不能亲自见面详谈，心中很是压抑。我的心情都这样，组员们又能好到哪儿去？

虽然在外面也能指导组员们的工作，但是在现场不到 30 分钟，就会发生一些需要我作出决定的事情，很难集中精力解决组员们的工作。因此，我经常会大概看一眼报告书，就让组员去向部长汇报。大部分情况下，报告书不会出现什么问题，顺利通过，但偶尔组员也会受到部长的批评。每当那时，我都会感到很遗憾，"如果能有充足的时间去审核组员们的报告书，就不会发生这样的事情了……"

组员们经常会抱怨说，在不与我进行充分沟通的情况下，很难制定出合格的报告书。特别是天性粗心的美静，她经常算错数值，因此有好几次受到了部长的批评。我没能帮她仔细核查，心里很内疚。

星期一，我一上班，就接到了上级指示，让我负责领导力教育课程开发项目。这是一个必须在两个半月的时间内完成的紧急项目，已确定好了项目人员，准备好了办公地点。虽然是一个紧急项目，但因为初期要全身心投入去开发教育课程，因此也需要一个专门的办公场所，最终将一个会议室定为此项目的办公室。

而在开发此项目的同时，我还要处理组员们的工作。如果有需要我批准或要同我商议的事情，组员们就会来敲项目办公室的门。虽然只是几步的距离，但心里却感觉疏远了几百倍。他们经常透过办公室的玻璃来确认我是否在开会，然后会在短暂的休息时间迅速进来找我。为了能把握住那短暂的时间，他们会来来回回地穿梭于自己的位置和项目办公室之间。我在开会期间，偶尔会与正在窗外观望的组员眼睛对视，他们这时会流露出内疚的表情。组员们为了得到批准，即使在进入了项目办公室后，也会坐立不安。与我谈话期间，眼神中还透露着怕给其他人带来困扰的担心。因此，我感觉更内疚。

于是，我向组员们承诺，每天午饭之后两个小时之内，我会回到自己的办公室，利用这段时间审批组员的报告书，和组员商讨正在开展的工作。昨天光审核美静的月末语言学教育结果报告书就花费了三十分钟，又和尚日就质量教育有关问题进行了商讨，超过了计划时间，再也没有空闲时间与智胜见面了，关于他的问题直到下班后很晚才得以商讨。那段期间，他的工作一直处于止步状态，等着我帮助解决。

但是，今天我没有遵守约定好的两小时时间。因为突然接到通知，常务要来项目办公室视察，我忙于准备紧急报告书。承诺后的第二天就违背了和组员们的约定，这让我很尴尬。他们的工作又要处于无人管理的状态，想到这儿，我的内心充满了愧疚。

但是仔细想想，我是不是有一种"组员所有工作都应由我审核"的强迫观点或固定观念呢？他们全部都是接受过教育培训的员工，应该有足够的能力去处理问题，虽然可能一开始遇到问题时会不知所措，但很快就会适应独立处理问题。因此我在想，如果我全身心投入课程开发项目，剩下的工作完全交给组员自己处理，结果会怎样？一部分工作让经验丰富的代理负责，另一部分工作委托部长直接处理。部长如果对组员的业务一一审核，会不会感到厌烦？

我是狂躁征患者

"组长，您吩咐了还不到几分钟呢？"

智胜带着夸张的笑容，半开玩笑似的对我说。他笑起来的时候，眼角轻轻上扬，带出几条鱼尾纹。这个淘气鬼脸上总是挂着灿烂的笑容，经常时不时地和别人开玩笑，实在是招人喜爱。

"哦，是吗？对不起，对不起。那也要加快速度啊。"

和他对话的时候，我的声音也不自觉地变得轻快起来。因此，就算很严肃的工作，和他交谈时，也经常会像和亲密朋友聊天一样，在愉悦的氛围中进行。

仔细想想，最近我好像经常安排工作没多久，就会习惯性地去询问组员"都完成了吗"或者"进行得怎么样了"。因此，秉国碰见我，经常会拿我开玩笑，说我"转身就问"。

我在做普通员工时，也经常会感到上司们催得太紧了。如今，我居然也和他们一样。每当想到现在的我变成了原来上司的样子，我就会浑身一颤。

今天也一样。早上结束了会议，就吩咐智胜对最近三年的教育课程资料进行分析，还不到一个小时，就去问他"材料分析完成了吗"。做着做着其他的事情，一看到智胜，就又不自觉地说出那句话。关于那份资料，下周我要向常务汇报，在我脑海中总是有个声音在提醒"没有多少时间了"。我将工作安排给组员的同时，还会在心里盘算着他们需要多长时间可以完成。如果超过了我心中推测的时间，就会去问他们"进行得怎么样了"。

我最近好像更急躁了。虽然有规定的截止日期，但是我认为如果能尽快完成，何必要等到那个时候。因此我在安排任务时，从来都不规定截止日期，只是希望他们"尽可能快点儿"完成工作。但是从他们的立场来看，除了我安排的工作，还有其他一些正在进行的工作，或许根本无法在我心中推测的时间内完成。是我忽略了这一点。如果先确认一下他们是否还有其他工作需要做，再根据他们的日程规定截止日期，也许会好一些。

今天的承诺：在安排工作时，首先询问对方，依据自己实际情况什么时候能提交报告书，然后和他们约定好时间。他们亲自定下的时间，应该更具责任感，一定会在规定的时间内完成工作。

第一次做绩效评估时的紧张

我从美国出差回来了。

今天光确认电子邮件，就花费了整整一天的时间。平时每天都会收到数十封电子邮件，在我出差的一周时间内堆积的邮件几乎超过了十页。光是看标题就花费了好长时间。需要提到日程上的，抄到了手册上；需要记住的，写在了便条上；比较重要的，反复仔细地阅读。

正当我忙于确认邮件时，写着"上半年职工成果评估输入"的蓝色粗标题映入我的眼帘，这是人事小组发来的邮件。到这周为止，组长要对组员上半年的业务绩效进行评估，并将评估结果输入人事评估系统中。到现在为止，我只接受过绩效评估，而这次我要亲自对组员们的绩效进行评估，并给予反馈。

我之前在原来的公司中对两名组员作过评估，他们在一年间共同完成了一个项目。两个人都尽了自己最大的努力，并且一起取得了某些成果，因此很难判断谁做出的成就更大，最终我都给出了最高分数。人员少并且还是在同一个项目小组，所以无论怎样评估都没关系。

这次的情况却不同。组员多，而且每个人负责的工作领域都不同。他们都尽了自己最大的努力，并且取得了相应的成就。到底要给每个人打多少分，我很纠结。

有的组员在年初制定了非常有挑战性的目标，最终没有完成；有的组员制定了高于正常水平、稍有挑战性的目标，最终取得了出乎预料的成果；还有的组员轻而易举地达成了有挑战性的目标。达成有挑战性目标 80% 的组员和达成一般目标 110% 的组员，究竟该给谁更高的分数呢？

还有，有些组员被选为明年升职候选人，他们必须在今年获得好的评估结果。如果他们得不到升职时所需要的认证分数，就会在升职过程中处于不利位置。但是人事评估采用的是相对评估方法，如果某个人得到了高分，其他人就只能拿到相对较低的分数。因此，如果给予明年升职候选人较高的分数，那么其他人即使取得了好的成绩，也只能拿到相对较低的分数。

在对领导者进行培训时，总是强调要以客观的数据为依据进行评估，但真的坐到这一位置时，对于这一问题就算绞尽脑汁也寻找不到答案。这段期间一起工作让我对每位组员都产生了感情，真的很纠结该给谁较高的分数，又该给谁较低的分数，还不如像从前那样按照年龄大小给予分数呢。

我原来的一位上司曾说过这样一句话："对于平时令人伤神的手下，一年中会有两次感谢他的时候。"我现在终于明白了那句话的意思。在考虑把谁放到最后一位时，我毫不犹豫地选择了这个人。如果是那位前辈，在这种情况下应该怎么办呢？越想越找不到好的对策。在思考这些的时候，太阳西下，一天又悄无声息地流逝了。组员们的面孔一个一个在我脑海中闪过。

第二天，我特地去拜见了部长，将我这些苦恼全部吐露了出来。部长让我多搜集一下有关平时个人成果的客观数据，同时还告诉我，人事系统中记录着有关个人的业务成绩和态度、行动等有关内容。他说，如果积累了这些资料，在成果评估时，就尽可能地利用这些资料作为依据对组员进行客观评价。他还向我建议，在评估之前，与组员进行面谈，告诉他们给予那些评估分数的理由，并和他们一起寻找以后可以做得更好的方法，如果这样做的话，和组员的关系也会更上一层楼。

他最后强调说，最重要的一点是，在平时不要一味激励组员，只给予他们乐观的希望。这句话的意思就是，对于组员的工作，不要一味地说"做得好""很有实力"之类的话。任何人对自己的能力或成绩都过于自信，因此有必要时刻给予反馈，使组员能够客观地看待自己。我对部长的话产生了共鸣。如果员工平时每次面谈时都会听到上司的赞美声，但评估时分数却低于自己的期待，他会非常失望，同时还会积累对上司的不满情绪，甚至会失去对上司的信赖。因此，反馈要尽可能做到实事求是。

组员们都认为我是工作狂

在读大屏幕上的内容时，型镇的声音一直在颤抖。他在句与句之间不规则地停顿着，反复调整着呼吸，喉咙像是干燥似的老是干咳。随着大屏幕上铅字移动的激光指示器的红色光，好像迷失了方向，一直在不安地摇晃着。型镇正在读组员们反馈给我的内容。

星期五下午，部门全体员工租借了一个安静的山庄，召开了为期两天的研讨会。这次研讨会的目的是通过组员间相互坦诚的评价，谋求组员自身发展，共同推进小组工作。从一周前开始，组员们就以型镇和秉国为中心，开始筹备本次研讨会，通过网络无记名调查，反馈除自己以外其他员工身上值得学习的地方和需要改善的地方。部长要求，为了同事的成长和发展，所有人都要做到实事求是。同时他还强调，一定要确保无记名。虽然采用的是网络无记名方式，但为了提高可信度，部长希望由员工亲自准备这场研讨会。我也实事求是地对所有组员进行了反馈。

终于，要在今天公开所有员工的反馈内容。在一个小房间中，安装了投影仪，并将笔记本连接到此设备上。在公开反馈内容之前，大家都要讲一下自己五年、十年还有三十年以后的梦想，于是所有人在这会议上都讲了自己的梦想，大家相互鼓励。最终，重要时刻来临了。

　　部长强调了几点原则。第一，要全盘接受同事对自己的评价，不要试图辩解。第二，不要去打听是谁的意见。第三，将这场会议当作改变自己的契机。他接着说，听到负面评价时，也许心里会很悲伤，但也要真心接受，通过反省重新寻找起点。他最后说，因为我们之间已积累了信赖，所以相信组员完全有可能做到以上几点。

　　开始，大屏幕上出现的是这次活动筹备者型镇和秉国的反馈结果。型镇一行行念了下去。对他的反馈内容主要以平时的感觉为主，记述得非常详细。值得学习的地方，大概记录了有两张 A4 纸那么多，希望他改善的地方也大概有同样的数量。考虑到是 10 号字，所以这些内容也算是很多了。心思缜密、有明确的规划以及强烈自我开发的热情等，向型镇学习的地方主要涉及这些内容。然而，同事们都认为比起小组集体工作，型镇总是把自己的工作放在首位，希望他能改正这一点。我也有同感。而对于秉国，大家都认为他性格随和、开朗，总是能给别人带去欢乐，比任何人都关心小组集体工作，但是希望他能花费更多的心思在自己的工作上。由此看来，无论是组员还是管理者，看人的角度都没有多大的差别。

　　对组员们反馈的内容都读完了，现在轮到对我的反馈了。型镇准备好了对我的反馈资料，开始读起来。按顺序，先从我值得大家学习的地方读起。其内容主要包括自我要求严格、强烈的工作热情、为实现自我开发倾注努力等。我听得心里美滋滋的。但是比起这些，我更想知道接下来组员们认为我需要改善的地方是哪些。我紧张极了。读完我的优点后，型镇调整了一下呼吸。我也挺了挺腰，深吸了一口气。

"只知道工作的人。除了工作外，好像无其他事可做，是个没有生活情趣的人。人际关系也只会牵涉到工作，如果在公司外面碰面，会假装不认识我们。在工作面前冷酷无情……总是将工作放到首位，在生活上不关心后辈……是工作狂，没有人情味……"

对密密麻麻、足有三页纸的反馈内容总结起来，我就是个"工作狂"，是不懂得关心员工的人。比起"员工"，好像更关心"工作"，这就是员工眼中的我。读这些内容时，型镇的声音一直在颤抖。呼吸好像也越来越不顺畅。型镇自己也坦白地说，手抖动得厉害，实在读不好。

地面的热气好像进入我的身体，经过心脏到达嗓子眼儿，我脸红发烫，之后耳朵嗡嗡作响，根本听不清型镇在说些什么。浑身如着火般发烫，每一个词都深深地刺痛了我，又使我寒冷至极。后辈们尖锐的呐喊声如一把把匕首刺入我的身体。我很委屈。不是这样的，真的不是这样的，我想大声地叫出来。组员们真的很不理解我的内心、我的处境，这让我很伤心。对于大屏幕上的每一句话，我都想一一反驳。其实不是这样的，不能这样误解我。但是一开始就约定好了，现在我什么都不能说。因此，我感觉更委屈。但如果他们是那样感觉的，说明这本身就是无须争议的事实。就算我否认，也不会发生任何改变。虽然内心委屈，但也无可奈何。这些残酷的词都久久刺痛着我的心。

组员们的利箭集中射向一名科长、我，还有宋代理。反馈时间结束后是化解时间，部长和后辈请我们三个人喝酒以抚慰我们受伤的心灵。我将很长时间无法忘记今天受到的打击以及带来的委屈。我决心，在以后的时间里，用我的实际行动证明他们的想法是错误的。

今夜，我久久不能入眠。

组员们说"不行"，我要怎么办

金圣珠今天很生气，虽然表面上没表露出来，但是看得出来她很不高兴。为了准备有关海外派遣员工的培养方案，下午我把圣珠叫来，让她搜集一下其他公司的案例。对于我的提案，圣珠虽然显得很犹豫，但还是直截了当地拒绝了我。

"如果您执意要我做，我也会做，但是说实话，我不想做这件事情。"

她毫无顾忌地说道。不管有什么话，她都不会藏在心里。虽然这也是一种优点，但是对于一起工作的人来说，经常会让人感到心情很不爽。今天也是这样。安排工作或提案时，如果员工说出"我不合适""我不想做"的话，会让我感到很尴尬。我是普通员工时，从来也没这样过，不知为什么有一种吃亏的感觉。我以前从没有拒绝过上司的指示，而现在后辈却……难道我看起来很好欺负吗？如果是这样的话，我反而会感到很安心。不管怎么样，组员们在我面前可以坦诚说出心里话。

好不容易才压住心中的怒火。我问她，"有什么更好的想法吗"，她回答道，"没有什么好的想法。"我说，"既然这样，就先尝试一下吧"，并且激励她，"也许我们的努力最终会付诸东流，但是既然尽全力去做了，肯定会多少收获些什么"。她说完"知道"两字后，就转身出了办公室，看着她的背影，我吞咽掉所有不满情绪。

很多员工在对上司安排的工作不满意时，都会说"不"。但是领导毕竟是领导，要有能力带领员工一起走下去。优秀的领导要具备使员工心悦诚服的能力，但说实话，我很难做到让组员无条件服从我的命令。不能一味地答应他们的要求，也不能利用职权强迫他们去做不喜欢的事情。这就像与情意不投的朋友去旅行，心里很不开心。每当这时，我就会想"还不如让我代替她去工作呢"。

并不是所有人和我心意相通，每个人都有自己的价值观和思考方式，同与我想法不一致的员工一起工作实属不易。在和他们工作的过程中，也许可以营造出良好的工作氛围，但每个人的想法不一样，工作也无法顺利展开。我在想，出色的领导者是不是可以带领价值观不同的人们，走向有助于所有人发展的方向？为了一起工作的人们，需要牺牲自我。领导者应该做到一个"忍"字。

部长一通电话就解决的事

事情很棘手。对于以领导者为对象的教育课程所需的经费，会计部门不予以批准。本来时间就很仓促，又被这种事所牵绊，工作根本无法开展，一想到这儿，我就很着急。领导教育课程在年初就提交预算，但会计部门以经费紧张为借口没有批准。教育课程迫在眉睫，为了获得会计部门的批准，我又提交了一份申请书，但三天过去了还是没有一点儿消息。

焦急的我跑到会计部门找到了会计组长，他刚好在办公室。我打了一声招呼，他才转过身来看着我。各种复杂数字密密麻麻地填满了会计组长的整个电脑屏幕，这些数字就犹如德国兵阵般整齐划一、没有丝毫紊乱。我详细地解释了来找他的原委，并希望得到教育预算批准。会计组长上下打量了我一下，然后问道，"一定要进行这个培训吗？"我回答说，"已经向常务汇报了，马上就进入实施阶段了。"他接着说，"最近经营环境不太好，必须要节约经费"，让我回去再确认一下这个教育培训是否真的有必要。我只好说下次再来拜见，说完，就回到了自己的办公室。会计组长就像是一道无法逾越的坚固城墙。但我已经向上级提交了实施报告书，真是进退两难啊。

"是吗？我打一个电话问问。"

我向部长说明了现在的状况，他马上拿起了电话。部长和会计组长寒暄了几句，就突然抛给我一句话，"已经解决了，你确认一下吧。"我看了一下电子批准文件，在部长审核处赫然印着"已审核"。我既感觉高兴，又感觉荒唐，在我详细解释教育实施必要性时还严严实实紧闭着的门，只因部长的一通电话就完全打开了……

我想起常务说过的一句话，"领导者只有人际关系搞得好，下属的日子才会过得更舒坦。"虽然看似我们是通过系统或程序来开展工作，而实际上是通过人与人之间的关系来开展工作的。只有在公司中搞好人际关系，问题才会迎刃而解。特别是与上司搞好关系，职场生活才会一帆风顺。

下周我要去中国和日本分公司出差。为了打听到从飞机场到分公司的路线，我到处打电话。因为是第一次去这两个地方，所以需要准备的东西也格外多。离分公司最近的酒店在哪儿、如何选择出行工具等，这些我一概不知。部长的人际关系再次发挥了作用，只一通电话，别人就发过来一篇关于分公司的详细介绍，甚至还给我介绍了一个日程与我类似的同事。和他同行，应该就不难找到分公司了。

身为普通员工时，我经常看到管理者们一到下班就会到处打电话，与其他组的管理者约好一起吃晚饭。需要处理的事情堆积如山，却早早地下班去喝酒，对于这样的领导，我实在无法理解。早上一上班，他们就总是爱讲述前一天晚上的热闹场面，每当这时，我就会对管理者感到失望，放着自己的工作不做，每天就只知道喝酒。但是现在，我能理解他们了。为了小组工作顺利展开，我甚至感觉也应该像他们一样，在下班后找其他管理者一起喝酒。

在我们国家，要想取得成功，必须具备六个条件。这六个条件指的是梦想、才能、热情、智力、外貌和人际关系。人际关系的重要性不亚于热情和才能。只有我们国家这样吗？在西方，人际关系被称为社会资源，并被当作一门学问来研究，可见其重要性。在这个世界上，我们与家人、亲戚、同学或其他形形色色的人，维持着各种各样的关系。人们对不断接触的一部分人积累了信赖，并且会在困难时向其中几个人寻求帮助。因此，人际关系网中的这些人就确保了我们在社会大潮中的竞争优势。所谓"社会资源"指的就是成为竞争优势源泉的特定个人关系纽带。因此，人际关系广的人比其他人更有可能占据竞争优势，当然关系的质量也很重要。

我本身就不喜欢和人喝酒到很晚，因此我不希望通过这种方式去维持和别人的关系。再加上，如果喝酒到很晚，第二天下午还会感到身心疲惫，所以我决心尽可能地不在工作日去喝酒。除了喝酒，难道就没有其他方法维持与其他部门的关系，并得到他们的信赖吗？假如有需要共同完成的工作时，我先做出让步，并表现出更积极的一面，结果会怎样？关于如何与他们维持良好关系，我还得再想想其他办法。

昨天是昨天，今天是今天

　　以全部组长为对象的教育课程项目开发，已经进行一个多月了，虽然听取了管理层对教育课程的期望，但似乎没有任何改观。管理层都希望通过这个教育课程可以给公司带来巨大的变化，因此我们肩上的责任更重了。再者，因为开发时间紧迫，所以项目开发期间，我们经常熬夜加班。

　　在今天的会议上，型镇提出可以为组长们开设一个网络社区。组长结束教育课程后，回到现实工作中没过多久，就会把学习内容忘得一干二净，因此需要建立这样一个网络社区，以便能够时常提醒他们记起教育内容。他接着说，还可以在网络社区上开设一个讨论区，当组长新手遇到困难时，可以在这里向前辈们请教，学习怎样处理。同时，型镇还建议搜集一些有关管理方面的信息和资料，系统整理后，放到网络社区上，这样做可以有助于组长有效发挥领导力。

　　"即使开设了，过不了多久也会不了了之……"听完型镇的发言，我心里默默想道。

　　想想也知道，大家每天都忙得不可开交，哪还有空闲时间登录网路社区啊？连我每天都争分夺秒地工作，更不用提那些比我还忙的组长们了，型镇太不了解现实了。

我想起了几年前开设的一个领导社区。当时，我从初级管理教育参与者的角度出发，雄心勃勃地开设了这么一个网络社区。但是在超过三百名的结业生中，每天只有不到十人登录。作为管理者，我也不能确保每天都登录。除了要处理自己的工作，还得抽出时间管理领导社区，因此总是感觉日不暇给。看似很简单，但要想真正管理好社区，必须投入大量的时间和精力。最终因要处理堆积如山的工作，只能减少投入在社区上的时间，而登录者也越来越少。没过多久，领导社区就被迫关闭了。

我能清楚地预测到组建网络社区的未来。型镇刚参加工作不久，好像还不了解组长的现状。再者，虽然年轻的员工对网络很熟悉，但大部分的组长对网络还都很生疏。我对型镇指出了现实问题，但是他对网络社区的效果还是信心满满。

在和他讨论的过程中，我突然产生了两个想法。第一个想法是，通过这次机会，让型镇认清现实，将这次经历作为人生中的一个教训。尝试后发现不行，到那时他就会幡然醒悟。同时，通过这一过程还可以开阔他看问题的视角。第二个想法是，通过尝试也许会获得成功。我曾经没有成功，但是现在，他通过其他方法也许会得到不一样的结果。况且经历了这么长时间，人们对网络社区的看法也许会发生些改变。因为最近人们经常利用网络来查找信息。

于是，我同意让型镇去尝试一下，同时还叮嘱他，既然开始了就要尽最大努力去管理。虽然表面上答应了，但我心里却很不踏实。不管怎么说，我决定相信他一次。

　　我身为普通员工时也有过这样的经历，曾经向上司提过一个建议，而他却以过去失败过为由拒绝了我，严重打击了我的积极性。于是我下定决心，如果我成为了管理者，绝不会因为过去的失败经历而拒绝员工的提议。

　　如今依然有很多过去的经历决定现在的事例。过去的成功方式会成为今天决策的标准，而失败的事例则会对今天的挑战产生致命性的影响。但是，过去的成功方式也有可能成为通向今天失败的捷径，而过去失败的原因也会成为今天成功的决定性因素。时代在变，人在变，环境也在变。过去只代表着过去，今天是不同于昨天的崭新一天。历史会警醒后人，但是绝对不可以支配现在。

　　很多人因为害怕失败而不敢去尝试，而真正意义上的失败则是什么都不去做。一直犹犹豫豫，最终也没有勇气去尝试，这也是一种失败。

——郑镇洪

《完美的冲动》

　　如果说不去尝试是一种完全的失败，那么尝试本身就意味着成功了1%。

缺乏积极性的后辈，该怎么办

　　今天下午我把金代理叫过来，想了解一下两天前让他写的报告书进度如何。但是一看到金代理交上的报告书，我就气不打一处来。在他的报告书中找不到一点儿认真思考过的痕迹，与上次报告书的不同之处只是更改了日期，换了几个词。马上就要向常务汇报了，他却连初稿也没有完成，我心里很是烦闷。金代理的报告书不仅整体不通畅，而且句子很散乱，很难找出核心思想。逻辑不清晰，方向也不明确，根本就不知道他想表达什么。

　　我已经记不清这是第几次了。不管指出多少遍，他还是一点儿进步也没有。再者，这都已经超过约定期限了，每次都是在我的催促下，他才慢吞吞地交上报告书。一开始我还以为他业务繁忙才这样，但是后来总是发生这种状况，于是慢慢地，我失去了对他的信赖。他所负责的业务大大小小都得经过我亲自指导，如果不这样，工作就很难正常开展。但是我也不能事事插手他的工作吧，今天的报告书还不如由我亲自来写，心里更舒坦些呢。

　　我把金代理叫到了一个会议室。金代理脸上挂着和善的微笑，坐到了我的对面。

"金代理，今天看了你的报告书，说实话，我很生气。说了多少遍，还是一点儿进步也没有，像这样子，下周能将报告书提交给常务吗？"

我没有任何表情，严厉地说道。

"到底是为什么总也做不好？方向也给你明确指出了，关于报告书的详细内容，不是让你找型镇商议一下吗？"

在我说话时，金代理脸上的笑容渐渐消失了，表情变得越来越僵硬。

"是。我自己想了想，也找型镇商讨过了，整体思路大概明确了，关于具体内容，我再去找他商议一下。"

金代理作为忠清道人，说话语速虽然有些慢，但却很流畅。

"总之，抓紧点儿时间。下周就要向常务提交报告书，这周内就必须完成向部长的汇报工作。关于报告书的制定，朴型镇这方面做得比较好，你和他好好商量商量，明天尽可能修正好交上来。"

"好的，我会这样做的。"

金代理的脸上又出现了笑容。即使在严峻的情况下，他也时刻保持微笑，对于这一点，虽然我不太理解，但从另一个角度说，无论何时他都能淡定从容，这倒让我很羡慕。"明天如果报告书还没有什么进展，就亲自修改制定"，我边想边走出了会议室。因为无论如何，后天都必须向部长汇报。

回到办公室后，我仔细想了想，突然感到很后悔，因为最终我还是伤了金代理的自尊心。金代理自己的工作，我却让他找后辈商量，一起制定报告书，他的心情肯定很不爽。实际上，工作过程中遇到问题时，可以向任何人寻求帮助。如果他自己选择这样做，肯定没有什么问题，但是上司如果要求这样做，情况肯定就不同了。这其实就意味着，上司不相信下属的能力，才让他寻求别人的帮助。想到这里，我对金代理感到很愧疚。但至少我把他叫到会议室谈话，真是万幸。肯定会有不伤他自尊心并让他寻求朴型镇帮助的两全之策，这次是我想得不周全。

收获的季节，渐渐走上正轨

秋天

天气越来越凉爽，管理者的心胸也变得越来越宽广。作为管理者，小组工作渐渐得心应手。现在苦恼升级为小组和部门层面，领导力的旅程愈行愈远。

关系的核心在于信赖

    周末奔驰在 7 号国道上驶向东海。沿着蓝色大海的公路平坦开阔，秋天的大海风平浪静。清新凉爽的海边只有装满过去回忆的易拉罐在来回翻滚，若隐若现的山间朱黄色树叶预示着秋天的到来。这些树叶很快就在和煦的阳光下随风飘落，远离人工噪声，数万年前原始时代的大海翻腾着沉重的身体。东海之旅好像逆时光而行，奔向过去。

    "人不能两次踏进同一条河流。"这是希腊哲学家赫拉克利特说过的一句话。读书时看到这句寓意深刻的话，立刻让我眼前一亮，简明扼要的话语瞬间戳中了隐藏于我内心的想法。这句话的意思是说，世界万物处于永不停息的运动和变化当中。当你第二次踏进一条河的时候，它已经不是你上次踏进的河流了。虽然有些极端，但是 18 世纪的英国哲学家休谟也曾说过，"昨天晚上放在桌子上的铅笔，尽管任何人都没有动，但我不确信它与今天的铅笔完全相同"。

    昨天入睡前的我，和今天早上的我肯定不一样。睡觉期间头发在生长，指甲也在变长。许多细胞结束生命的时刻，又有无数新的细胞诞生。昨天又积累了新的经验，使视野更加开阔。昨晚读过的一句优美文字，填满了记忆中的每一个小角落。停在钢琴键盘上的手指终于铭记乐谱，不再弹错一个音符。

当然，不是所有的变化都是积极的。因过度饮酒，身体疲乏无力，在碌碌无为中逐渐老去。不管我们有没有意识到，时间在流逝，变化在发生。但是，就像河水难倒流般，时间的流逝也无法挽回。因此，我们应该让自己的生活朝好的方向改变。今天比昨天要有进步，哪怕很微小的变化也是难能可贵的。每天进步一点点，慢慢积累，最终会带来翻天覆地的变化。

前几天，我们以全体员工为对象，开展了一次主题为"最好领导"和"最差领导"的调查问卷活动，其结果刊登到了公司报纸上。最差领导有以下五种类型：向日葵型领导、唯我独尊型领导、投机取巧型领导、嚣张跋扈型领导、冷漠无情型领导。

向日葵型领导多指政治领域的领导。对上绝对服从，对下仗势欺人。这种人还经常被称为"自行车骑得好的人"。为了骑好自行车，双脚应用力蹬脚踏板，头部上下移动。脚踏板指的就是下属，而伏首的对象则是上司。他们对上司绝对忠诚，而对下属则是百般折磨。这种类型的领导经常会给员工安排大量任务，影响其生活质量。

唯我独尊型领导又称为自恋型领导，指的是凡事都以自我为中心的领导。他们认为自己就是世界的中心，所有人都应该关注自己。如果自己不是万众的焦点，很容易产生嫉妒心理，行为表现异常。这类人的共同特性概括起来就是单方面作决策，无视员工的意见。如果员工对自己指示的工作提出异议，他们就会认为这是对自己权威的挑战。同时，他们还经常会依据自己的日程给员工安排工作，致使员工的工作时间和个人生活时间界限模糊不清。这种类型的领导总是生活在自己的帝王梦之中。

投机取巧型领导指的是通过下属的献身和牺牲来谋求自身发展的领导。他们通常依靠有能力的下属来掩饰自己的无能。这类领导经常将棘手的工作全部交给后辈们去做，最终霸占他们的劳动成果。

嚣张跋扈型领导指的是对员工差别对待的领导。无论工作能力如何，他们只根据与自己的亲密程度对员工进行评价。因此比起努力工作，下属会将全部心思花费在取悦领导上。在这种类型领导所负责的团队中，员工们之间不会融洽和睦，只会勾心斗角。

冷漠无情型领导指的是只知道工作而不照顾员工感受的领导。他们只是将员工作为获取成果的手段。如果组员感冒了，他们会漠不关心地说，"那点小病完全可以用意志力来克服"。

还有其他一些员工眼中的"最差领导"，例如言行不一的领导，吝啬称赞和激励，喜欢批评人的领导，说话难听的领导（喜欢在公共场合批评员工、侮辱其人格），经常对早下班的员工说"没事可做了吗？看来我得多给你安排些工作"等诸如此类的话、认为晚下班是美德的领导，感情用事的领导等。

而"最好领导"的五种类型包括民主开放型领导、关心赞美员工型领导、公平正直型领导、将成果归功于员工认真负责型领导、努力提升自身能力并支援员工发展型领导。

　　关系的核心在于信赖。领导者的所有行动，都与获得员工的信赖密不可分。最好领导和最差领导的特性，也对员工信赖的形成产生了重要影响。领导者只要获得员工的信赖，任何事情都可迎刃而解。反之，不能得到员工信任的领导者，最终也只不过是个失败者。

　　蔚蓝的大海与万里无云的蓝天相接，那遥远的地平线就像是用铅笔画的一条线。波浪轻轻拍打着海岸，道路一侧的山林中夕阳照射下的树叶反射出金色的光芒。眼前时而呈现的褐色和朱黄色阔叶树留下了一种奇妙的余韵。夏天真的走了。送别炎热的夏季，我们快速迈向了收获的季节。我的领导力旅程也愈行愈远。

小组的天气随着我的心情在变换

从早上开始，组员们的表情就很阴沉。办公室里鸦雀无声，他们就连接打电话都会把声音压到最低。这和平时热热闹闹的办公室氛围截然不同，而且组员们还都时不时地偷瞟我一眼。"发生什么事了吗"，我感到很奇怪。秉国走上前来，带着调皮的笑容问我道：

"组长，有什么事吗？为什么一直皱着眉头？"

"嗯？没什么事，怎么了？"

"组长您表情这么严肃，大家不是都很紧张吗。舒展一下嘛！"

"啊，是吗？对不起。昨天和 S 企业的人争吵了一架，心里很不舒服，所以一直在思考接下来应该怎么办，所以才……没什么事，不要太在意了。对不起。"

"呀，呀，组长什么事也没有，大家可以解除警报了。"

他给我揉了揉肩，然后冲着组员大声叫道。

"让大家这么紧张，对不起。解除警报！"

我感到很愧疚，于是从座位上站起来，举起双臂伸了伸懒腰，然后用夸张的声音对组员们大声说。组员们脸上露出了笑容，目不转睛地看着我。我脸部表情很不自然，尴尬地伸展了一下双臂。

　　虽然突发事件是一时发生的，但是需要花费很长时间来思考它。我今天早上上班后，就一直在思考着应该怎样处理昨天发生的事情。想要找到一个万全之策，实在不容易。我思考问题太投入了，以至于完全没注意到周边发生了什么事情。后来听秉国说，早上上班时组员们和我打招呼，我爱搭不理。而且我时而闭着眼睛思考问题，时而盯着电脑看，时而在手册上写着什么，好像有一种大事不妙的感觉。他还说，组员们一坐到座位上，就开始和同事嘀嘀咕咕猜测我到底发生了什么事，最终还是没有找到答案，只知道肯定是发生了不好的事情。所以大家都互相告知要小心点儿，以免引爆我这颗定时炸弹。

　　管理者左右着办公室的氛围。管理者的特性决定着整个工作地点的氛围，而他们的心情则影响着办公室一天的天气。就犹如下雨要准备雨伞，天冷要穿厚衣服一样，根据管理者的心情变化，组员们要快速找出应对方法。

　　组员们经常聚在一起谈论组长的“天气变化”，因为要根据上司当天的心情恰当应对，特别是有重要报告书提交在即或文件需要审批时，不得不对上司察言观色。不管是什么理由，能够在上司低气压时提交报告书，那么他一定要有信心做得非常出色。如果报告书做得很好，那很幸运，但如果被发现哪怕是一个错误，通常也会引爆上司那颗定时炸弹。万一报告书与上司所希望的方向不同，后果就可想而知了。因为上司也是普通人，也会受到感情的支配。平时就算是微不足道的小事，在上司低气压时，也有可能突变为大事故。反之，在上司心情愉悦时，就算业务上出现什么问题，也不会遭受很大的损失。如果运气好的话，上司也许会一笑而过。

管理者也是普通人，心情也会阴晴不定。在工作过程中也会遇到困难，也会因为个人问题生气难过。但是，管理者需要适当调节个人情感。实际上，我也喜欢表露自己的情感，心情好的时候会笑得很灿烂，悲伤的时候会流眼泪，生气的时候会大发雷霆。还有，如果遇到严重的情况，就会在脸上写着"事态严重"几个字。

我不会轻易相信隐藏自己感情的人，即使很生气，他们也会对着别人微笑，我认为那种人很虚假，对他们我会敬而远之，因为他们虽然在我面前微笑，但谁又知道他们会不会在背后耍什么花招。我无法信任那种人，也不想与他们走得很近。但是，太容易表露情感，也不一定是好事，特别是管理者应学会控制自己的情绪。

我曾经的一位组长完完全全就是一副扑克牌脸。在一起工作期间，我从来就没有见过他发火的样子，不管遇到什么事情，他总是面带微笑。我们同事聚在一起总是爱谈论他，都说猜不透他心里在想些什么。除了面无表情外，就连说话也总是保持同一声调和语速，绝不会激动，也不会委屈，无论何时总是保持着平静。就算我犯错误，他也绝不会大发雷霆。有时候我甚至会怀疑他是不是来自其他星球，因为他根本不像是生活在我们这个世界的人。

虽然不至于做到这个地步，但管理者至少要练习减少负面表达。心情好时，可以爽朗大笑，但绝对不能因为自己的情感变化，让组员们提心吊胆。特别是，绝对不能因为自己的个人问题，对组员们的工作和生活产生影响。韩非子曾说过，成为君主的条件之一就是，在面对下属时，绝对不可以表露喜欢或讨厌的情感。如果君主在大臣面前轻易表露出自己的喜怒哀乐，那么大臣们只会趋炎附势。在职场中，如果发生这种状况，比起努力工作获得成果，员工们反而会把取悦上司放在首要位置。这就是一个公司毁灭的征兆。因为我一个人的表情就能决定组员们一天的生活，所以我决心尽可能多表露一些积极情感。

　　要笑口常开。就算心情很糟糕，也要面带微笑。上班之前要对着镜子微笑，去洗手间时要对着镜子微笑，工作中也要时时地对着放在桌子上的镜子练习微笑。做一个优秀的领导者真的很难。

领导甚至要关心组员的私生活吗

"我难道还要关心他们的私生活吗？"

吃完午饭后，我和营业小组的组长坐在长椅上聊了一会儿天。当谈论到有关组员的事情时，他一边向我哭诉，一边露出一副委屈的表情。最近他收到上司对他领导力的反馈，上司认为他的业务能力很出色，绝对无可挑剔，但对组员却是漠不关心。组员们也都说感觉不到和他有亲密感。而他的上司对他说，从韩国的文化来说，如果感觉不到组长对组员的亲密感，就很难发挥领导者影响力的作用，甚至还会关系到领导力问题。

但是，他说自己不能理解。"在这个叫作公司的组织中，大家是为了工作才走到了一起，通过工作获得成果，难道这不应该是最重要的目标吗？"他这样问我。而且他认为除了工作关系外，作为普通人，他也算是维持着良好的人际关系。

"到底我要关心到何种程度？"除了工作，领导者关心员工的生活或个人问题，这难道不算是侵犯他们的私生活吗？他反问道。他认为就算是小组负责人，过分干预组员的私人事情，也是不正确的。况且，他相信，员工们也不想把个人问题带到职场生活中来。他还认为，个人生活应与职场生活彻底分离。

我能理解他。每天早上一上班，需要确认的电子邮件就有数十封，为应对随时发生的紧急事情整日忙得焦头烂额，这就是这个时代管理者的生活——为了处理自己的工作和组员的工作，整日奔波劳累，还经常熬夜加班，说实话，实在没有余力再去关心组员的私生活。每天一睁眼需要处理的工作就堆积如山，一天下来连休息的时间都没有。难道他们不是可以对自己事情负责的成年人？既然是成年人，就不能独立解决自己的苦恼和工作吗？我也是这样想的。他的观点没错，但同时他又是错的。

最近，很多企业为了解决员工的苦恼和问题设立了咨询室。公司为什么要关心员工私事？事实上，任何人都有苦恼。在人的一生中肯定会遇到种种问题。有时候会因为异性关系而郁郁寡欢，因为经济问题而愁眉不展；有时候还会因为家人或自己的健康问题而提心吊胆；养育子女问题、朋友关系不和睦、前途迷茫等，人一生中遇到的问题无穷无尽；再加上和业务有关的矛盾、企业内人际关系不和谐等职场中遇到的各种问题……生活中，问题简直无处不在。

从企业的立场来看，这些苦恼和问题会对员工的工作效率产生直接的影响，因此应该多关心员工的私生活。和朋友大吵一架、心情郁闷的组员，怎么还能期待他制订出有创意的文案？担心孩子不能适应学校生活的员工，怎么还能集中精力工作？因如滚雪球般不断增长的债务而心急如焚、夜不能寐的组员，也只会是身在曹营心在汉。人都是感情动物，所以工作也难免受到情感的影响。因此涉及个人问题，企业也应尽全力去帮助解决。

　　为了能有效达成工作目标，管理者不仅要管理好业务，同时还应该处理好员工的个人生活问题。从工作由人来完成这个观点来看，处理好员工的个人生活问题，说不定才是管理者最重要的职责，即通过人来管理业务。

　　当然，我不可能解决组员全部的苦恼和问题，组员们也不会完全指望我去解决。对于他们的问题，如果能帮助解决或告知解决方法固然很好，但如果我能真心倾听他们的苦恼，并和他们一起寻找解决方案，对组员来说，这个过程本身不也是一种力量吗？对他们的事情产生共鸣，并和他们一起苦恼，这将成为巩固管理者和组员关系的出发点。

即时激励大奖应该给谁

　　今天召开了关于评选即时激励大奖获奖者的会议。部长和包括我在内的三位组长聚在一起商讨组员中谁才有资格获奖。以前部长都是和常务商议决定获奖者，这次他决定和组长们一起商定。一个部门只能有一名员工获奖，部长问我们的意见。我们最后决定每个小组推荐一名候选人，然后再确定最终获奖者。但是，我却推荐了型镇和智胜两个人。其他两位组长都很不满，别的小组都是推荐了一个人，问我为什么要推荐两个人。我向他们解释，两个人最近工作都很努力，而且都取得了令人满意的成绩，好几次受到常务的称赞，很难分出高低上下，因此同时推荐了两个人。

　　对于自己推荐的候选人，组长们一一列举了他们最近所获得的成绩。虽然同属一个部门，但对于其他小组推荐的组员最近工作努不努力、获得了什么样的成绩，我却不是很清楚。光是处理我们小组的工作就忙得不可开交，哪还有其他时间去详细掌握其他小组中所发生的事情。为了在每周五常务主持的会议上对我们部门本周业绩和下周计划进行汇报，我会了解一些其他小组的工作，但是至于他们到底倾注了多少努力，我却无从知晓。

　　至于我们小组中发生的事情，我却了如指掌。因此，我比谁都清楚我们组员是多么努力地工作，取得了多么辉煌的成绩，也许其他组长对我夸赞组员的话也是半信半疑吧。俗话说，"胳膊肘不能往外拐"，我当然希望我的组员能获奖。况且，如果我们小组没有获得激励大奖，组员们会怎么想我？也许会认为我是不能照顾好后辈的领导。我很担心这样事情的发生，于是费劲口舌地对其他组长说，型镇和智胜为了自己的工作，付出了多少努力和心血，最终获得了多少辉煌的成绩，受到了客户多少称赞。最终决定权虽然在部长手中，但是我们三个人就像是选举游说似的说尽了各自组员的好话。

授奖者评选的公正性是评选激励大奖最大的问题。如果获奖人实至名归，那么不会出现任何问题。反之，大家会认为很不公平。激励大奖采取的是不公开原则。因为如果大家知道谁会获奖，有可能会引发同事间的矛盾。但实际上不管怎样，大家都会提前获知获奖人是谁。一到大奖评选季，通过观察同事们的表情，就可以大概推测出谁会获奖。因此，评选获奖者真是一件很费神的事。

前几天，我和美静在聊天时偶然说到激励大奖这件事。她说，自己虽然没得奖但并没有什么抱怨，但如果她认为如果没有资格的人获奖了，就会感觉很生气。还有，每次总是同一个人获奖，这也让她很不满。

人就是很奇妙。如果将大奖授予优秀的人，没有人会不服气，但如果一个人一直独占大奖，情况就不同了。那个人会成为员工嫉妒的对象。因此尽管评选获奖人时要公平公正，但有时候也要考虑到均衡。反之，如果采用"均分"的方式让组员轮流获奖，那么取得很多成绩的人又会感到愤愤不平。我完全可以体会到之前部长在评选获奖人时有多么的苦恼，大概部长这次是想让我们也分担一下这种痛苦吧。

奖励时间也是一个很重要的问题。即时激励大奖是本着"即时奖励"的意图而实施的一种奖励制度。但如果在获得成果后很长时间，人们都快要忘记的时候，才突然要授予大奖，这就失去了原来的意图。获奖人感激之情不会太强烈，同事们对此大奖也不会有太大的兴趣，因此大奖起到的激励和鼓舞作用也微乎其微。

公正性、平衡以及时间，比起这些，当务之急是努力让我们组组员获奖。这次很幸运，我推荐的组员中有一名获得了大奖。至少在组员面前，我可以做到问心无愧了。但是下次我们小组还会获奖吗？现在担心是不是太早了？

和后辈之间该如何掌握分寸

"我不知道怎么去做。组长，您替我做吧。"

部长让我准备有关全公司语言学教育的改善方案，于是我把美静叫过来，让她去拟订一份草案。然而，美静却笑着说了上面那番话。我以为她是在开玩笑，于是我一边对她说"别开玩笑了，赶快去做"，一边故意摆出一副吓人的表情。

"我不是开玩笑，真的不知道怎么去做。这份草案，您能不能亲自去做啊？"

美静笑得很灿烂，但可以看得出她真的不知道该如何去做。我左右为难，但还是回绝了她，说道"查找一下资料，再问一下其他人的意见，应该会有思路的"。几天前，美静看起来很忙，所以我就代替她亲自处理过她应负责的工作。但是今天，我感觉她有些过分。

"那么下午一起商议一下，你再补充一些自己的想法，然后整理出来。"虽然和她这样约定好了，但我心里却很不舒服。也许她也会因为我拒绝了她的请求而感到很失望。但即使这样，我也不能代替她去处理这件事。当然如果我亲自去做，也许会比她做的更快更好。但如果在其他组员亲自处理自己工作的情况下，我代替她去工作，这样肯定会引起其他组员的不满和抱怨。再者，如果其他组员都提出同样的要求，我就没有余力全部去替他们做。最重要的是，如果我代替她去工作，也很难提高她的能力。因此，组员们必须要学会独立处理工作。

亲密感是在一起工作过程中自然而然积累起来的。这是实现团队合作的基础，因此亲密感是团队成员间的必备荷尔蒙。所以，团队负责人都有意图地参加一些能增进和成员间亲密感的活动，如会餐或体育活动等。但是如果和员工走得太近，也会遇到像这样左右为难的状况；当然，如果和员工关系疏远，管理者会感觉很孤独。到底应该如何掌握这其中的分寸呢？

有两只刺猬因寒冷而冻得瑟瑟发抖。它们想，如果相互贴紧对方，也许就可以战胜寒冷。于是，两只刺猬靠近对方，紧紧地偎依在一起。然而，它们却被彼此身上的刺扎得疼痛不已，只能分开。它们反复靠近和分开，终于找到了合适的距离。就这样，两只刺猬保持着一定的距离，既能从对方身上取到温暖，又不会伤害到对方。

就犹如离得太远会得不到温暖、离得太近又会伤害到彼此的刺猬一样，管理者和员工之间不也需要保持适当的距离吗？如果双方走得太近，就容易混淆公私或者打乱管理者和员工间应遵守的秩序，同时还会让周围人误以为员工不懂规矩。上司也会被别人认为太偏爱员工。

再者，某个员工如果和管理者走得太近，有可能会遭人嫉妒。不久前，尚日曾一边笑着对我说"组长您是不是和美静的关系太亲近了"，一边走过我身旁。他是不是因为我和美静走得更近，心里有些不高兴？人类是受感情支配的动物，因此管理者对员工的亲密度肯定是有差别的，但是员工之间却会因此而产生隔阂。然而，这不是想隐藏就能隐藏的。不管怎么说，身为管理者，凡事都要注意自己的言行。我再次体会到，成为一名优秀领导者真的很难。

我的判断也不可能总是正确的

　　今天又是忙碌的一天。三个教育课程开发项目在同时进行中，又有四个新投入的教育课程正在运作。每周还要向部长汇报一次项目进展情况。在向部长汇报之前，我要预先进行审核，并且为了拿出更好的方案，会和组员们一起苦思冥想；同时，每两天还要在新开发的项目上投入三四个小时。组员们只需要负责自己的项目，而我则要对组员的全部工作进行审核，因此我比组员更加繁忙。当然，他们整日也在忙着查找和整理资料，但为确保工作进行的方向及完成质量，我需要认真指导他们开展工作，而且还是三个，反而我好像投入了更多的时间。甚至，为了审核资料，我经常会工作到深夜，而组员们却每次都比我早下班。唉，这像话吗？他们作为当事人，不应该花费更多的心思在自己的工作上，以便拿出更好的方案吗？而他们居然比我早下班……他们更多的时候只是大概地拿出个设计方案，难道是在期待我为他们修正并指明方向吗，所以才把所有的苦恼退给我，自己先下班。真是太可恶了。

　　白天的时间一直忙着解决新教育课程开展过程中出现的种种问题。在新教育课程步入正轨之前，需要协调的事情有很多。四名教育课程负责人轮流来找我，有时候同时打电话要求我作出决策。就这样忙碌着度过了一整天，最终项目审核工作只好放到了晚上。

这样日复一日的生活让我疲惫不堪。我真想对组员们说，自己的项目自己看着去办。但是对于小组中发生的事情我又想全部负责。组员的大部分业务都是由我来决定，因为我担心他们缺乏经验不能作出正确的决定。确实，在我看来他们负责的事情还存在很多不足。如果不事事参与，我会感到很不安。在教育课程开展过程中，如果发生了预想不到的状况，他们通常会和我联系，询问我的意见。而开展教育课程中多少会发生些大大小小的事件，根本就没有时间对重要项目进行检验或指明整体运作方向。

忙碌的一天过去了，我洗了洗脸，又回到了座位上。随着水分的蒸发，面部感觉很凉爽。仔细想想，我好像太过贪婪了，但同时好像也信不过组员们。万一他们判断错误使问题变得更大，或者犯了致命的错误可怎么办，我总是瞎操心。

从社会观念上来看，超过二十岁的人，就被视为可以对自己决策负责的成人，但是对于我来说，刚刚毕业的二十多岁的青年还只是个孩子。他们还年轻，缺乏经验，需要别人的帮助，因此我应该给予他们关照。他们无法单独对任何事情作出决定，就算是一件小事情，也需要我的决定和指导。他们也许会感到郁闷，也会感到吃力。同样，我的精力如此分散，真正面对重要事情时，将无法投入更多的时间和精力。

我想起某一位部长说过的一句话，"只要不对企业造成致命的影响，就任由下属去做"。他说自己几乎从不插手下属起草的报告书。我问他为什么，他回答得很简洁："在这世上，没有人不想处理好自己的事情。再者，我的判断也不可能总是正确的。"

　　"我的判断也不可能总是正确的"，说得真好。以我的标准来看是正确的，但从组员的角度来看，我的决定有可能是错误的。所谓权限委任，指的就是连不允许出现任何失误的重要工作也要交给员工去完成。在安排工作时，要考虑事情的重要性和紧迫性，同时也要考虑员工的业务执行能力。如果是非常重要或紧迫的事情，当然要交给团队负责人亲自去处理。

　　有些事情即使我不参与，组员们也会完成得很好，但我总是习惯性地插手他们的工作。组员们能独立完成的工作，应该与他们商议后，直接交给他们去处理。我决心，从明天开始做到权限委任，拥有更多属于自己的时间。

不作决定被议论，作了决定又被说专横

　　"真不知道到底应该怎么做，我要疯了。"金科长长叹了一口气。他喝了一点儿酒，面颊腾起了一抹红晕。和我同年进公司的金科长虽然和我不在同一部门，但却在同一间办公室，我们的位置也只不过距离三米。下班收拾包的时候，我和他对视了一眼。

　　我们点了盲鳗鱼，相对而坐。上菜之前，我们喝了两杯烧酒。金科长接着说，他的上司只会批评这不好那不好，也不给出具体建议，总是让人稀里糊涂的。昨天，他把两天前的会议结果整理好，以电子邮件的形式发给了上司。那个上司很快给金科长回复了一封很含糊的邮件，从邮件内容上看，好像是在嘲弄他，又好像在责备他。上司在金科长的句子下面写了"真的是那样吗""好好判断一下"诸如此类的话。金科长说，他在看到这封邮件时感到很羞耻。他感觉上司好像在斥责他，"一个科长居然连会议内容都整理不好，根本就没有领会到上司的意图"。但是，这封邮件从头至尾也没有告诉金科长具体应该做些什么及如何去做。"收到这样的反馈，根本就不知道如何去回复。"金科长说完，举起酒杯一饮而尽。

　　前不久，我也听其他员工说过那个上司的反馈方式。他看到组员的报告书，不会给出具体决策，而是会指出内容上的错误点或反问员工"就没有其他方法吗"。这种程度还算是好的，有时候就算员工寻求意见，他也不给出任何明确答复，经常会稀里糊涂地就结束了对话。是按照报告书直接开展工作呢？还是应该如何去修改呢？他从不给出明确指示，只是在谈话结束时会说一些诸如"检查一下再向我汇报"之类的话。之后经过几次相似的修改过程，临近截止日期，他才勉强批准。

　　仅凭金科长和其他后辈的话语，虽然不能判断整个状况，但我在想，那位上司的反馈方式，肯定与金科长或组员的期许不相符。一般来说，反馈时，要明确说出自己的意图。因为只有那样，下属才能明确工作的方向。

　　突然我产生了这么一个想法，"组员们在进行汇报时，我是怎样反馈的"。仔细想想，我的反馈方式好像和那位上司的正好相反。首先听一下组员们的意见，如果与我的意见一致，就给予批准；但如果和我的意见不一致，就单方面地让组员采用我的意见。因为我比他们经验丰富，所以总认为我的意见一定是正确的。有时候就算组员解释，我也经常会以"是的，我知道你怎么想的，我认为还是这么做比较好"之类的话打断他们，说出我的意见。因为我认为只听几句话就完全可以推测到他们想说什么，再听下去就是浪费时间。再加上，对于组员的提案，我原来也试过，但效果并不明显。

　　我比他们经验丰富，这确实是事实。但是，我的想法也不可能总是正确的。我曾理直气壮地对员工们说，过去我失败了，如果重复相同的做法，他们也将失败。现在想想，很是羞愧。

金科长和我接二连三地喝着酒，烧酒像是一团炽热的火燃烧着经过食道到达肠胃。鼻尖上萦绕着烧酒独特的香气，好一会儿才散去。再次倒满了酒，在鳗鱼香喷喷的味道掩盖嘴里的酒精前，我们什么话也没有说。

我们来的时候还空荡荡的房间内不知不觉塞满了形形色色的人。每个桌子上都被烤鳗鱼的烟气所萦绕，人们滔滔不绝地吐出的各种词在空气中碰撞着，房间内到处飞溅着唾沫星子。酒劲上来的人们生怕自己的声音被埋没，高喉咙大嗓门儿地叫喊着。在这狭窄空间中的各种歇斯底里的声音，让我胸中异常憋闷。

管理者不明确作出决策或指明方向，这恐怕不是我们所希望看到的。当然，管理者不可能知晓一切，那么完全可以将工作交给员工，没有理由执着于不了解的工作。但是，管理者无论如何都要对提案进行冥思苦想后，再作出决定。管理者应该做到尽职尽责，但一定要注意不要一味地执着于自己的方式。因为这也许会压制员工富有创意的想法并打击他们的工作积极性。"我们"比"我"具有更重要的意义。如果"我"的水平是60分，组员就算只有2分，"我们"的水平也是62分。因此"我"一定要倾听他们的意见。再者，如果组员们总是和我的想法一致，那么工作定会乏味无趣。"仁者见仁，智者见智"，只有将这些不同的见解聚集在一起，才能创造出新的奇迹。

另外，我认为发邮件这种沟通方式不能表露出情感，常常会歪曲对方的意图。同一个词，根据读者所处的环境不同，被理解的意思也会不同。

和某人吵架后读文章，不仅读得磕磕绊绊，而且还很容易使人感到有一种攻击性，在回信中也只会话里带刺，形成一种恶循环。有这么一句话，"在高科技时代，反而更需要人与人之间的接触"。

✎就算是天大的荣耀，不喜欢就果断停止

走出会议室，组员们的神情异常。讲完工作上的事情后，部长提议一起去郊游，时间为两天一夜，但大家都缄口不言。考虑到这段期间大家忙得没有时间好好休息，所以他才提出去郊游，让大家好好放松放松，顺便联络一下感情。

我们部门的员工虽然在同一间办公室，但因为各自繁忙的工作，平时很难聚一次。早上一上班，为了准备各自负责的教育课程，员工们都奔波于教室和常用品仓库之间，教育培训进行期间偶尔会回一次办公室，但如果刚好时间错开，那么几乎没有机会看到同事。如果运气好，可以在办公室见面，但为了准备其他教育课程，也没有时间关心对方。虽然在同一间办公室，但很难说是同一小组组员。我认为偶尔出去放松放松，呼吸一下新鲜空气，让组员们有机会敞开心扉说说心里话，也是一个不错的主意。但是组员们的反应却出乎意料。从部长的立场来看，想让整日奔波劳累的组员好好放松一下，但组员们为什么会有这种反应？我很困惑。

我把智胜叫到办公室外面。他叹了一口气，申辩似地说道：

"需要处理的事情堆积如山，而且还不知道下不下雨，说实话，没有一个人想去。最关键的，还是周六周日去，我真的无法理解。休息日还不如

在家休息呢，谁想牺牲个人时间和组员们去玩？”

　　我们部门新员工很多，大家都会避开在周五组织会餐或其他活动。因为一周五天上班时间之后，从周五晚上开始就是休息日了。年轻的员工们都认为休息日是个人时间，不想被公司的事情所干扰。但是现在，居然说周六和周日要去郊游，后辈们都很不满。再加上需要处理的工作堆积如山，大家根本没有那份闲情逸致出去玩。仔细想想，前几天宋代理在打听住宿地和选择交通工具时，很多组员就露出了不满的表情。但当时我以为这只是个人的小情绪，因此没有太在意。之后还有几次征兆，但我还是没能看穿组员们的心思。

　　企业组织的活动大部分反映了领导的取向和喜好。但是即使出于一番好意组织的活动，但如果员工们不喜欢，那么也需要重新考虑一下。最重要的是目的，即为实现目的虽然需要手段，但手段本身却不能成为目的。如果领导者出于好的目的组织活动，那么手段也必须要反映组员的意见。为了避免一味按照自己的想法做事、结果造成大多数人牺牲的噩梦，领导者要准确读懂员工的欲求。俗话说，“老牛不饮水，不能强按头”，给员工创造自由发言的氛围，最终也是领导者的分内之事。

给问路后辈的开导

吃完午饭后，我和世源一起坐在长椅上喝咖啡。林荫树下，人们三五成群地聚在一起，喝着茶或饮料，愉快地聊着天。男职员们白色的 T 恤和深色的裤子形成鲜明的对比，显得更加熠熠夺目。年轻人灿烂地笑着，露出洁白的牙齿，每个人脸上都带着开朗的表情。凉风徐徐，蔚蓝的天空中飘着几朵白云，此时心中无比舒畅。

"组长，您有明确的梦想和目标，这让人看起来很羡慕。"

世源突然冒出这么一句话。

"哦？是吗？你不是也有梦想吗？"

听他这么一问，我刚喝进口的咖啡差点儿吐了出来。世源说，他不知道现在从事的工作，是不是值得他愿意付出一切。我感到惊讶。世源作为经验丰富的员工负责全公司的人力资源开发业务，所以我还以为他对自己的事情很有规划。再加上，他在大学学的就是教育专业。即使这样，他还是很困惑，不知道现在走的是不是自己想要走的那条道路。

自我开发有关的书上写道，在自己擅长的领域，从事着自己喜欢的工作，这是一件很幸福的事情，而且成功的可能性也比较高。但是世源却说，他甚至都不知道自己喜欢什么、擅长做什么，在忙忙碌碌的日子里，突然想到未来，心情会很沉重。就这样浑浑噩噩度日，不知道十年后的自己身处何地，一想到这儿，他就异常压抑，感觉自己是个没有理想、没有梦想的人。因此，他最近感到一点儿都不幸福。

而我却对他说，年纪轻轻的就考虑这些问题，这本身就代表着希望。我在他那个年龄的时候，什么也没思考过，只是虚度光阴，而他现在就开始为自己的未来而冥思苦想。通过与周围的同事们聊天，发现具有明确梦想和目标的人并不多，仅凭这一点，我认为他就已经走在了前面。同时，我还对他讲述了我的经历，是关于曾经彷徨时每天去登山的那段时光，并且告诉他，我是如何克服彷徨、如何寻找到属于我自己的道路，以及我现在想要走的是哪条道路。

我对他的劝告是写心得。买一个新的笔记本，将现在的心情、心中的想法写在里面。除此之外，还可以把想做的事情、期盼的生活、想实现的梦想全部都写在笔记本中。我建议他可以尝试每天用将脑海中杂乱的思绪、内心的渴望填满空白的笔记本。持续不断地记录大约两个月左右，慢慢就会发现心中所向往的地方。打开我的笔记本，令人心潮澎湃、热血沸腾的词很醒目。那些词从很早之前就隐藏在我内心深处的一个角落里。我记录了将近一年，但第一天和最后一天的内容基本类似。因此我对他说，如果这样做，不会彷徨太久，至多在两个月内就可以找到自己内心所追求的梦想。

事实上，任何人都会在人生路上踌躇彷徨。就像走在浓雾弥漫的道路上，虽然心中不安，但还是要坚定信念走下去。要相信总有一天会云消雾散、重见光明，只有拥有了这种信念，才会勇往直前。

世源说他会尝试着去做，我们起身离开。来来往往的车辆奔驰在道路上。它们来自哪儿，又将到哪儿去？就像人生流逝般，车辆井然有序地行驶在道路上。道路也是多种多样的，有畅通无阻的高速公路、人潮拥挤的市中心道路、偏僻清静的国道、人迹罕见的山间小道等。我的道路又是什么样的呢？

> 树林里分出两条路，
>
> 而我选择了人迹更少的一条，
>
> 从此决定了我一生的道路。
>
> ——罗伯特·弗罗斯特
>
> 20 世纪美国诗人

我喜欢畅通无阻的道路，也喜欢听不到人工噪声、只能听到风声和鸟叫声的山间小道。比起众人都喜欢的道路，我更喜欢内心所向往的道路。事实上，我虽然明确了方向，但前进的路途还在摸索中。我希望有一天，当我回顾所走过的路，会像罗伯特·弗罗斯特诗中所写的那样。同时，我也祈祷世源所走的路会是开阔平坦的康庄大道。

后辈的空缺所带来的不便

　　金政勋去参加为期四天的教育培训了。因为是集训教育，所以从今天起的四天时间内，他都不会在办公室。本来在春天的时候就计划去参加，但是他负责的教育课程在运作过程中有很多问题，所以就推到了现在。我对金代理感到很愧疚。

　　金代理去参加培训期间，他负责的与教育课程有关的工作就交给了朴代理和美静。因为他们也有自己的工作，所以这一周会非常辛苦。我们无法调整金代理的教育培训时间，他负责的教育课程在年初就已确定并公示，因此无法变更。金代理对代替自己处理业务的两个人也感到很抱歉。再加上，他负责的教育课程是针对组长级别人员而开展的，所以会更费心。事前有许多工作需要处理，教育进行中也需要做很多准备工作。而且，常务对领导力教育也特别关心，这让我很紧张。很多情况下，常务会突然打电话过来询问教育开展状况，现在金代理不在，肯定会找我。因此金代理不在的期间，我也应该多了解一些他负责的工作。

　　经常会听到一些管理者说，如果下属员工不在，会担心影响业务的正常开展，因此不想让组员去参加教育培训。组员不在，我也会感觉到很不方便。如果上司问我一些记不住的详细事项时，我通常会去寻求业务负责人的帮助，如果负责人不在，我必须亲自去查找资料。如果能够找到资料，还算幸运；如果找不到，会很难堪。事实上，事情过去后想想也没什么，但当时却坐立不安。

无条件支持员工去参加有助于其自身发展的教育培训，这是我们公司的方针。如果一开始就找各种理由，以后就会没完没了。也许不同意他们去参加培训的理由会有无数个，但是只要有一个他们必须参加的理由，管理者就要无条件给予支持。我们部门的员工都要在一年之中参加两次以上的教育培训。对员工的教育培训，在年初要制订计划，每月还要进行汇报，因此，组长们一定要督促他们按时参加。从一开始就要确保员工不会因为上司而缺席教育培训。参加完教育培训的员工要在月末的小组会议上分享所学到的内容，但是其他员工却显得很不情愿。这令我不解。如果是有助于自身发展的教育，即使公司不组织学习，我也会自己花钱去参加，但是现在小组提供这样的机会，他们却表现得很厌烦。真是难以理解。

撇开对教育的个人态度不说，后辈如果可以去参加教育培训，那我也功不可没。这本身就是一件很幸福的事情。能够成为员工背后坚实的后盾，仅仅这一点，就足以让我感到很幸福。任何人都想成为有助于别人的人，我同样也如此。

摆脱萎靡不振，寻找只属于自己的方法

　　美静今天一整天都无精打采的，这几天以来一直这样。盯着电脑屏幕的眼睛空洞无神，头也无力地歪着。没有去吃午饭，几乎一天都没离开过座位，身体消瘦了不少。前几天她还神采奕奕，今天却如同打了蔫儿的花朵，萎靡不振。

　　我走到她面前，叫她一起喝杯茶。她这才从座位上站起来，我们来到办公室旁边的会议室，相对而坐。她认为自己很无能，进入公司已经好几年了，但感觉能力却一点儿也没有提高，甚至都不知道自己能做好什么，总是感觉上司或同事不认可自己的价值，所以心里很难过。看到同事们对工作充满了热情，她很是羡慕，但是自己却没有工作的欲望，所以做什么事也不上心。在我们谈话期间，她总是唉声叹气。

　　她好像陷入了消沉状态。新员工刚刚进入公司的三个月期间，或者三年左右会遇到一次关卡，她好像就到了这个时期。我曾经不是三年，而是一年之内会有好几次陷入消沉状态。没有任何理由，就是不想工作。肯定会有什么理由，只是想不起来了。一到那个时候，我能做的只有等待，直到强烈的工作欲望再次牵引我。

　　我想激励一下萎靡不振的她，但却不知道说些什么，对她的话只感到共鸣好像还不够。在她说话期间，为了讲一些可以帮助她摆脱困境的话，我不怎么聪明的脑袋快速地旋转着，突然想起了一位前辈经常给我们讲的有关"锥子"的话，"就像把锥子放到衣服口袋里，锥子早晚会戳破口袋钻出来一样。有才能的人是不会被埋没的，即使不声张，也会美名远扬"。

我将这番话讲给她听，并说，她肯定是身怀绝技还被隐藏着的锥子。她的朝气蓬勃和热情、组织材料的能力以及人际关系，都是别人无法比拟的。她却说，明明具有这些才能却在工作中毫无建树，认为自己只不过是沧海一粟，最近事情很多，感觉很疲倦。

我让她不用看别人的脸色，尽情地去偷懒。早点下班，去散散心，享受一下只属于自己的时间，也许会重新找回丢失在人生之路上的活力。

这段时间，有时在办公室工作到很晚，在抬头看钟表的瞬间，突然感觉很迷茫，"我现在要走向哪里，是否过得很好、很幸福，工作是否顺利，是否达到了目标……"越想越觉得自己渺小。好像没干成一件事，前途一片迷茫，好像被束缚在黑暗中，看不到一丝光亮。每年我也会有一段时间陷入消沉状态，虽然最终会回到现实中，但那种心情会持续很长时间，感觉心一直慢慢地往下沉。在下沉过程中，我安静地沉浸在只属于自己的时间中。坐在桌子旁边，任思绪自由漂浮，就算胡思乱想也没关系。就这样两天过后，洗涤了身心的污浊气息，生的欲望再次奔涌而出，热情也开始涌现，心中的火花再次被点燃，全身都滚滚发烫，生活再次起航。就像我有我自己摆脱萎靡不振的方法，她一定也会有她自己的方法。

怎样帮助失去生活欲望的人？偶尔看到意志消沉的后辈，内心很焦急，但是却不知道如何抚慰他们。在他们自己寻回热情、重新站起来之前，我只能耐心守护，为他们加油打气。

一到下班时间，她就迅速离开了办公室。我希望她能够早日重拾信心和激情。

女人，银河系最难理解的生命体

"亲切的在承"，这是部长给我起的外号。有时同事们会以此逗弄或取笑我，但我却一点儿都不讨厌这个外号。不分前后辈，无论是谁，都会面带微笑亲切对待，因此我进入公司后，很容易和同事相处。对于女性同事，我也没有特殊对待，只是互相帮助的同事关系。当然，有时她们也会成为枯燥无味的职场生活的活力素。

但是从我成为管理者之后，一切就不同了，我们之间好像产生了一层无形的隔膜。她们和我说话的时候，好像使用了过滤器般，非常注意说话的分寸，也不会像以前一样和我开玩笑。有些女职员还对我使用起了敬语。

作为管理者，我要给她们安排工作、审核报告书以及作出适当的反馈和评价。这所有的一切，我都会小心翼翼。在安排工作或反馈过程中，生怕无意中说出的一些话给她们带去伤害，以致我们间的关系变得尴尬。隔壁小组的金科长总是很羡慕我能和女职员一起工作，一有机会就会开玩笑似的请求组长给他们小组也多派一些女职员，但每到这时我只能苦笑一下。

作为管理者和女职员一起工作，这对我来说是一个挑战。即使对男职员粗鲁些（服过兵役的男人多少有些木讷，又会有些调皮），他们也不会介意。对于这种大大咧咧的个性，我很熟悉，他们也会接受，但是女职员就不同了，或许这种想法只是我内心深处的一种偏见。约翰·格雷的《男人来自火星，女人来自金星》书中写道，"男人和女人有最本质的差别，因此如果不考虑细节问题，就会使关系处于危险之中。女人就像是一个玻璃杯子，必须要小心翼翼地去对待。"

曾有一次，一个女职员负责工作的进度状况让我非常的不满意，想对此作出反馈时，却不知道该如何去说，只能放任自流，但是工作却朝着与我所期待的相反的方向愈行愈远，我心急如焚，却不知所措。再加上，当时我和她一起工作没多长时间，还不熟悉她的做事风格。要怎么做才能既不伤害她，又能准确传达我的意图呢？

刚好她过来问我，该如何整理资料。但是她的突然提问让我感到很惊慌，就下意识地说了"现在做得很好，这样做就行"。在还没有想清楚要如何去反馈的情况下，对突然到来的问题，我感到非常惊诧。在短短的一瞬间，我在想，如果给她作出这样那样的反馈，会改变她的资料整理方式，那么到现在为止，她所做的工作都全部化为泡影，肯定会增加她的工作负担。如果这样，她也许会认为我忽视了她，于是努力自我安慰，就算她资料整理与我的方式不同，但只要忠于现在的方式，就不会有太大的问题。但是，我心里还是很不舒服。

最终，我忍受不了煎熬，把她叫到我身边，给她提了几点建议。因为太紧张，所以我说这些的时候结结巴巴，但是心中的压抑感此刻也被释放出来。她听了我的反馈后好像很难过，也很生气。她抗辩道，如果从一开始就给她指明方向，就不用浪费这么多时间和精力了。她的话全部正确。除了说"对不起"，我不知道该说些什么。一开始就应该作出反馈的，犹如"长考出臭棋"这句围棋俗语般，瞻前顾后最终错失了最佳时机。

第二天，我和她相对坐在休息室。我敞开心扉吐露心声，最后问她，以后再遇到这种事情，我该如何向她反馈。她恭敬而又坚决地回答道，无论什么话，希望我都能坦诚说出。还说，只有这样才能提高工作效率。如果工作进行到一半时突然要求换方向，那么一切都得从头开始，她很讨厌这样。因此，希望我从一开始就能指明方向，并可以在工作进行过程中经常找她谈话。我向她保证，以后一定会从一开始就指明正确的方向，如果中间想法有些改变，会及时告诉她。虽然这次谈话很短暂，但是消除了误会，我的心情舒畅。

作家李外秀曾说过，"女人，银河系最难理解的生命体，无条件地去爱吧！"

尽管男女之间有众多差异，但是有一个沟通方法对男女职员都适用，那就是坦诚相待。坦诚相待能消除员工的警惕心，使他们敞开心扉，毫无保留地说出自己的心里话，同时全盘接受对方的意见。如果能够做到敞开心扉、坦诚相待，沟通之门也会瞬间打开。双方在自由交流意见的过程中，思维会更加开阔，职场生活也会更加丰富多彩。

组员的要求以及上司的期待

　　吃完午饭，我和部长一起坐在休息室休息。泡好的绿茶，清香四溢，沁人心脾，从鼻尖经过胸口蔓延到全身各个角落。流入身体中的绿茶发出清脆的声音，犹如擦玻璃窗般，将胃肠和小肠壁上的油垢分离，感觉内脏间粘满的残渣都好像被清洗干净一样，浑身清爽。

　　"最近组员们工作状况如何？"部长突然问道，我匆忙将刚喝到口中的茶水咽掉。部长的声音豪放而又流畅，犹如奔腾在荒野上的野马一样。他偶尔会问一下组员们的近况，或许为了与组员们走得更近些，才想深入了解一些他们的日常生活或工作状况吧。事实上也确实如此。职位越高，与员工直接接触的机会就越少。再加上，他们之间年龄差异也很大，因此部长与员工间的关系越来越疏远。

　　我向部长详细讲述了每个组员身上发生的事情，以及在解决问题过程中的表现。还有，他们最近有什么苦恼和想法，只要是我知道的，全部说给了部长听。

　　我尽可能朝着有利于组员的积极方向说，回避了一些部长可能会对组员产生负面认知的事实，只说一些对他们有利的话，稍许隐瞒。我会尽最大努力去提升组员。在他们提升之前，对部长总有一种负罪感，但我相信，只要他们能提升，就不会有任何问题。如果时间过去很久，还是没有一点进步，那我只能向部长坦白汇报，一起寻找对策。但现在我首要做的是，让上司对他们有一个正面认识。

今天，部长对美静表现出深深的忧虑，因为在她身上看不到工作的热情。按照部长的话来说，她好像只是惯性地工作，而不会付出努力去获得更好的成绩。部长更大的忧虑，是认为她不喜欢学习。部长喜爱有求知欲的组员，上个月部长和美静一起参加一个教育培训，那时就发现她对学习没有多大的热情，好像只关心皮肤美容、化妆、时尚等方面的内容，还经常会在上班时间，通过放在桌子上的小镜子补妆或摆弄头发。部长说，这些行为都证明，她与尽职尽责的优秀员工的标准还相差很远。

部长的判断不能完全说是错误的。在某种程度上来说，确实也是事实，但这并不是她的全部。我对部长说，不是这样的，并强调美静虽然关注时尚、喜欢打扮，但绝对没有疏忽工作。部长好像对我的话半信半疑。越是这样，我就越强烈地想表达美静对工作是多么的热情，还举出一些事例和证据来证明她在这一领域为实现梦想所付出的努力。为此，我的脸涨得通红。

最近美静正在摸索在哪个领域开发自己的专业性，冥思苦想自己喜欢什么、做什么才能做得更好，虽然现在所做的事情也并不讨厌，但问题是与别人相比，自己能不能拿出更出色的成绩，在公司中还不能提升自身能力。因为总是在思考这些事情，所以工作热情大不如前。虽然苦恼了好几个月，但好像也没有得出明确的结论，这些内心的矛盾所表现出的行为都看在部长的眼里。我希望美静能早日找回自我、重拾热情。在这段期间，我会努力改变部长对美静的负面认知。难道是因为胳膊肘往里拐？我希望和我一起工作的同事，在别人眼中都是对工作充满热情、有人格魅力的人。

一方面，组员们有时候会对我提出要求，对于我的上司部长、常务或者其他组长的错误决策或行为，他们感到非常不满，因此，组员们请求我向他们反馈，以改变他们的认知或行为。这让我左右为难，我向上司反馈也实属不易，但是组员们却认为这是我的分内之事。说得对，我也很清楚，但却很难。有时候我真想对他们说，"你们坐到这个位置试试"。

另一方面，上司期待我改变组员们的行为。因为我和他们的关系更近，所以也会更了解他们，因此希望我能给他们带去影响，我也想那样做。但是，改变一个人谈何容易？

上司和下属都分别对我提出了要求。上司的要求和下属的要求横贯我的躯体，朝着各自的方向延伸。有时候他们的要求在我体内发生冲突，火花四射。这个时候，我真想高呼，让他们双方如对质审问般坐在一起直接沟通。

事实上，除了社长和新员工外，其他人都是中间者：上面有上司，下面有下属，是管理者同时也是下属，在发挥领导力的同时还应发挥追随力。也许你会经常抱怨上司"数典忘祖"，但是在后辈眼中你也许也是"数典忘祖"的上司，这就是一种循环关系。因此，夹在中间的管理者应管理好这种循环关系，以确保上司和员工的沟通交流更顺畅。这不是一件容易的事。

感谢同龄郭代理的关照

　　郭代理进入公司一个月。他和我同龄，作为代理进入公司，在我们小组工作，也就是说，我是与他同龄的上司。

　　今天，他终于勉强完成了要向常务汇报的资料。两周前，他第一次将完成的报告书交给我，报告书的形式和用语与我们公司所使用的完全不符。当然，内容的展开方向和资料水平也没有达到我的要求。我给他指明了修改方向，然后让他重新制定。但是，两天后他拿来的报告书，和第一次没有太大的差异。我让他再去重新修改，反复几次后，他今天终于做出一份合格的报告书。

　　我在指明修改事项和安排工作时，他表现得和其他组员没有什么不同，很谦逊，对我很尊敬，随和可亲。当然，我对他也会使用敬语，但我们之间一点儿也不拘束，和同龄组员能够相处这么愉快，全部归功于他。

　　一开始，他被分到我们组的时候，我有些担心。年龄相同，一个人是上司，而另一个人是下属，这种状况是我始料不及的。如何下指示、如何做反馈、如何维持关系等，对于这样的问题，我很苦恼。平时对待组员的方式，对他也适用吗？工作过程中，提出意见和作反馈是理所当然的，但是，接受同龄上司对自己的评价和修改要求，也许会受到伤害，可也不能无条件地说他做得好。

　　在韩国，年龄是决定社会等级的一个重要标准。因此人们第一次见面时，首先要确认对方的年龄。只有确认好年龄，决定了辈分，心里才会感觉踏实。男人更会这样。但是根据组织的不同，决定等级的标准可能也会有所不同。在学校里是学号，在军队里是入伍编号或军衔，在企业中则是职位。但是有时，组织内决定等级的标准会和社会标准"年龄"发生冲突，因为学号或入伍编号以及职位并不一定和年龄顺序保持一致。年龄大的人比年龄小的人等级低，偶尔会有这种现象发生。在企业中决定等级的是职位而不是年龄，因此经常会发生一些很尴尬的情况。

例如，年龄大的学校前辈在公司中的上司却是学校后辈。因此经常会看到这样的场景，在公共场合，学校前辈要对上司后辈恭恭敬敬，但在像休息室这样的私人场合，他们的身份就会互换。后辈上司在对学校前辈安排任务时，肯定会很拘束。不仅仅是学校后辈，公司后辈有可能升职更快，成为前辈的上司，最近这种状况并不难看到。现在员工的意识与过去也有很大的不同。以前如果后辈成为自己的上司，一般来说，前辈就会选择辞职。

上周遇见一个朋友，他生气地对我说，一位组员不仅无视自己的话，而且还不服从自己的命令。这位组员与他同龄，入公司也较晚，因此组员根本就不认同自己是上司。郭代理真心视我为上司，因此我感觉很欣慰。如果他也那样的话，我应该怎么办？如果他拿年龄说事，不服从我的命令，我肯定会很苦恼。事实上，郭代理比其他组员考虑得更周全，在处理我们的关系时更加小心翼翼。因此，我很感谢郭代理的关照，让我不必像其他人一样有诸多苦恼。

今天发生的两件事情

今天发生了两件事情。

第一件事情。

"我还没来得及修饰报告书，您只看内容吧。"

为了审核要向部长汇报的资料，金圣珠一边连接会议室电脑和投影仪的电源，一边对我说。在我开口前，她先主动出击，怕我指出文本、图表等的布局和颜色组合等问题，她提前画了线。

"我实在理解不了注重修饰报告书的人。"

她自言自语道。金代理之前就经常把"形式有那么重要吗""只要内容好不就可以吗"这样的话挂在嘴边。现在虽然少了，但是以前曾以员工为对象作过一次问卷调查，他们认为如果花费很多的时间去修饰报告书，对重要的工作就无法投入更多的时间。

我不喜欢对图形、文本进行绚烂多彩布局的报告书，反而更喜欢简洁、干净利落的报告书。我要求组员报告书的内容应该让上司一目了然，这与修饰得漂漂亮亮的报告书完全不同，越简单越好。我让后辈们去摸索如何有效传达信息的方法。

但是，对此还很生疏的后辈却误解为形式和设计重要。我从没想过内容不重要，内容是重中之重，内容散乱的报告书用再好的形式或设计也是无法挽救的。如果后辈们的报告书只是用华丽的文句堆砌而成，却没有实质内容，我会很生气。为了有效传达信息，让他们思考一下如何设计报告书，而后辈们却把这句话理解为"强调修饰的重要性"。

"梳理内容逻辑，然后寻找可以有效传达此逻辑的方法。"我对金代理说。她却给我当头一棒。

"看看吧，最终强调的还不是设计吗？"

……

第二件事情。

有关小组建筑项目进展材料在上午和下午审核时，我又追加了几条修改事项。政勋虽然面带微笑，但是表情并不明朗。昨天审核时，我就说"这是最后一次修改了"，今天却还得修改，好像有些气馁。很奇怪，每次看到材料的时候，我就会发现需要修改的部分，改善方案——不知道算不算真正意义上的改善——就会浮现在脑海，因此只能继续修改。

我曾经被派遣去参加一个短暂的特别项目，当时的组长也是这样子的，总是要求反复修改资料，直到汇报的最后一刻。昨天说这样做是对的，今天又说那样做是错的。一天过后，又改口了。有时候动过大手术的资料与一开始计划的方向完全不同。在截止日期的前一天，还是在傍晚时分又作出新的决定，于是我们必须熬夜按照新的方向修改资料，真是暗无天日。组长从一开始就没有设定明确的方向，这让我们感到很失望。昨天说过的话今天就推翻了，明天又不知道怎么修改，对于这种持续发生的状况，我们都失去了工作的热情。我们完全沦落为按照组长指示反复制定、修改资料的"打字兵"，对此大家很愤慨。当时就下定决心，如果我成为管理者，绝对不会这样做的。

但是今天，我完全沿袭了那位组长的做事方式。事实上，今天也不是第一次了，最近好像经常这样。凡是稍微重要的资料，我会让组员一直修改，直到最后一刻。组员们对于我这样，也许就和我当时的心情一样。非常对不起。但我不是也努力将这种推翻降到最小吗？我试着自我安慰，但还是难以抑制心中的愧疚之情。

为什么每次看到资料的时候，就会发现需要修改的地方，就不能得过且过吗？难道是因为追求完美的冲动？是因为担心就这样交给上司会受到责备的不安感？还是因为对自己小组的报告书没有信心？反复重复这样的过程，他们是否也有我曾经的感受？我很担忧。

今天晚上，政勋将最终修改好的资料交给了我。我自己重新检查了一遍，又追加了几张资料。如果明天再看的话，有可能又会发现需要修改的地方。真担心。

想找出评价领导时打出最低分数的人

为了参加在外部教育机构实施的领导力教育，我行驶在去研修院的路上。

清晨，行驶在车辆寥寥无几的道路上，心潮起伏。穿过还未苏醒的城市驶进陌生风光的这段旅程脱离了日复一日的生活轨道，短暂的自由让我喜不自胜。当所有人在规定好的框架中开始一天规律的生活时，我却享受着这份远离都市的喜悦。缭绕在山腰的雾气像伸懒腰般徐徐爬上山脊，带给人一种神秘感。

我参加的教育是以刚刚踏上领导之路的管理者为对象的课程。在课程开始前，上司、同事及后辈，通过网络对我的领导能力进行评价，我会在今天的教育中收到反馈结果。

从教育课程主持者手中接过结果报告书时，我的手一直在颤抖，手掌中浸满了汗水。慢慢地翻开封面，曲线图表和各种数值首先映入眼帘。图表的曲线在平均线上下反复浮动，没有特别高的分数，也没有很低的分数。我长舒一口气，紧张的心情舒缓后，重新从第一页的"评价概要"仔细阅读。第一页主要总结了整体的结果，第二页罗列了对各个项目进行评价的分数。因为采用的是无记名的方式，所以无法知晓是谁评价的分数。对这些分数，我一个个地认真看下去。

看到大约中间时，一行让人错愕的数值跃入我眼帘，"2，2，1，1，2……"心脏开始剧烈地跳动。5分为满分，1和2就意味着最低分数。这些完全意想不到的数值，让我惊恐万分。怕别人看到，我把报告书紧紧贴向我的身体，快速地扫了一下其他项评价分数。除了这一项外，大部分都是积极的评价。短短一瞬间，脑袋里同时出现了几个想法，"这是谁打的分数？""谁对我的印象这么差？"很想知道是谁。虽然不知道，但我对他很生气。事实上，我也想到了一个人，但只是感觉而已，并没有确切的证据；一会儿又自我安慰，"他是不是以为1才是最高分数。"但是，激动的情绪怎么也安定不下来。"是谁呢"这个问题一直盘旋在我脑海中。我想知道这个人是谁；我想找到他，当面问一下打这个分数的理由；我想大声地说冤枉。

一会儿之后，我们开始上课。讲师说，"第一次接受后辈评价的管理者中肯定会有人对于结果很吃惊、恐慌，感到委屈，并且想知道是谁。"他好像看透了我的心思，课程继续进行。讲师接着说，"没有必要非得知道给自己否定评价的那个人是谁，虚心接受他的反馈，既然我们无法否认那些数值和其他评价事项，那就把它当作改善的机会。"

良药苦口，却有利于恢复身体健康，我决定接受这行数值。也许在不知不觉中，我的言行对别人造成了伤害。即使是同样的行动，人们的看法也会不同。这行数字告诉我，在对待后辈和同事时，需要更加慎重。

越是职位高的人，越不能接受下属的负面评价。听惯了阿谀奉承，乍听逆耳之言，很容易产生抵触的情绪。

我认识的一位前辈，因善纳逆耳之言而美名远扬：即使在超过四十五岁的年龄，接受下属的反馈后，还是会努力地去改变自己；一有机会，就会去倾听员工的意见，并将这些意见反映到企业管理中。几年前，他还以严格管理闻名，员工们都不敢接近他。而现在人看上去非常随和，他发生巨大变化的秘诀就是三个"忍"字。对后辈们的业务执行结果或行动不满意时，会在手上或脑海中写三遍"忍"字。瞬间窜上来的怒火，忍耐几秒钟后就会消失得无影无踪，然后重新倾听对方的意见，这样沟通之门自然而然地就打开了。

冬天

成熟，为了更好的明天准备

现在，管理者不再贴有"新手"的标签，在流逝的季节中慢慢地趋于成熟，用更干练的手艺描绘着更美好的蓝图，开始勾画第二圈年轮。

三面镜子的映射

　　旅行总是让人心旷神怡。旅行是对水平线那边云团缭绕的想象，是对染红地平线迷人晚霞的梦幻；是小憩片刻的休闲自在；是想走就走、想停就停、想吃就吃、想睡就睡的自由；是沿途停下欣赏美丽风景，乏味后继续赶路的自由；是日出而作，日落而息的自由；是任身体随风摆动的自由。

　　旅行可以打破界限，使你我的人生相互渗透交错，使你我的心灵游走在微风中。旅行是清晨甘露的晶莹透亮，是漫步于洒满阳光树林中的轻盈，是不在意别人的视线尽情享受大自然的自由。旅行是完全的放松。人与自然浑然一体的那种舒适感，便是旅行带给人类的一种祝福。

　　旅行是从激烈现实生活中后退一步的旁观者的闲雅从容。即使是穿过树林的一丝微风也会给我们带来感动，即使是路面上的一粒小石子也会让我们投去爱惜的目光，这便是因为旅行带来的闲雅从容。一个人旅行，无牵无挂很自由；两个人旅行，结伴同游不孤独。如果向往自由，就一个人去旅行；如果很孤独，就和同伴一起去享受旅行的自由。这种自由也是一种福利，旅行的自由被称为福利，是因为我们终归要回到现实生活中。无限的自由反而是另一种拘束。

突然感觉生活很伟大。这一层层文明也是由重复的一天一天积累而成的。画家们的著名作品、音乐家们的旋律，这些无一例外都是在生活的夹缝中创造出的。

——朴慧英

《嬉皮士的旅行病毒》

无数个昨天的积累形成了今天。如果昨天是幸福的，今天会更幸福。那么我现在就是最幸福的。昨天积累的努力增添了今天的力量，因此今天要比昨天更向前迈进一步。虽然日复一日，但回首过去，那是一段由无数事件缠绕在一起的岁月。我的人生在流逝的季节中会不会更加成熟？我的汗水、我的苦恼会不会味道更浓厚？

朔风凛冽的季节开始了。就算是在中午，刺骨寒风也呼啸着刮个不停。炉子上的水壶正在烧水，屋子里很安静，窗外好像上演着无声电影。只有挺过严寒的冬季，才会迎来温暖的春季。在冬季忍受寒冷、准备并等待春天的到来，只有对这样的人来说，冬季才是一个充满希望的季节。

《贞观政要》这本书可以说是东方领导力的经典，是政治实践的指南，是帝王学和参谋学的圣典。它是在唐太宗死后约五十年，史官吴兢记录整理的一本书，主要记载了唐太宗和他的臣子关于政治的一些重要言行，之后被历代君主所参阅。在我们国家，它也是历代帝王的必读书目；在日本，德川家康非常喜欢这本书，并实行奖励制度，鼓励在民间传阅。《贞观政要》的真谛在于君主的姿态。本书指出了君主应具备什么样的品德才能使一个国家国泰民安、繁荣昌盛。如果将君主的姿态换为领导者的姿态，同样适用。

"以铜为镜，可以正衣冠；以史为镜，可以知兴替；以人为镜，可以明得失。"吴兢将唐太宗的这句话铭记在心，并将其编纂到了《贞观政要》中。

领导者也需要通过三面镜子反省自己，使自己成长为优秀领导。我们周围有很多面镜子。上班之前照镜子时，告诉自己一定要多微笑。每当照电梯里的镜子、洗手间里的镜子、办公桌上的镜子时，都面带微笑，那么公司的氛围一定会很融洽。同时，通过追寻历史上领导者的足迹，不断反省自己，改变自己。

对于领导者来说，最重要的是对"人"的映射。领导力专家马克斯·德普雷曾说过："出色领导力的证据从追随者身上最容易发现。"不管是出色的领导还是拙劣的领导，都会给员工产生影响。

如果想确认某位领导是否有能力，比起观察他的言行，观察员工行为更有效。也就是说，如果想知道我是什么样的领导，可以去观察我员工的表现。他们是否相信并追随我？是否有所进步？是否在渐渐成长？是否在自己的工作中取得了成果并团结协作去实现小组的共同目标？观察这些，就可以确认我的领导力。

领导力是可以遗传的。优秀领导的下属将来成长为优秀领导的可能性很高；而与拙劣领导一起工作的员工即使成为领导，大多数也都平庸无能。就算是为了公司、后辈和我自己考虑，也应时时刻刻通过三面镜子反省自己。这个冬天，每一天我都要过得充实而有价值，做好充足准备迎接充满希望的春天。

给新员工三个月时间

　　新员工总是能给公司带来活力。他们的存在，能使公司始终保持新鲜感。他们可以用一种新的视角看待工作和公司，因此这也可以成为企业改变已有工作方式的一次机会。但他们不可能立刻改变公司，因为他们缺乏经验，不了解公司的历史，不具备深远的影响力。他们的意见经常会被忽视或被认为是幼稚的想法。提出一两次意见却都被忽视后，他们往往就会意志消沉，慢慢的，不再提出新的观点或想法，最终会变得缄口不言。

　　我是新员工的时候，看到前辈们的工作方式，不止一次地在想"为什么要那样做"在我看来，一定会有效率更高的工作方法，而为什么他们却用那种方式去处理事情，实在无法理解。而且我认为公司的运营方式也不合理。虽然向前辈提过几次建议，但每次得到的回答都是"受到现实的制约""我也无能为力"……他们口中所说的"现实"就像是不可逾越的无形之墙，坚固而又高大。虽然很失望但也没有放弃，我暗自下定决心，如果我坐到他们的位置，一定要改变传统的处理方式。

　　时光流逝，我也坐到了他们的位置，开始理解了作为新员工时无法理解的事情，而那些方式也成为我处理工作时最常用的方式。现在的我比谁都清楚现实的困难，因此总是煞费苦心地去寻找具有实践可能性的方案。

最终，退而求其次成为我的原则。现在，我甚至连当初的疑问及建议都记不清是什么了。

因此，我要求新员工们把他们的感受和想法都记录下来，把社会生活中或工作过程中不合理或需要改善的地方都记在笔记本上。现在可能会因为缺乏经验和公司内的铜墙铁壁，他们的想法无法付诸实践，即使这样，我也希望他们能带着问题意识去看待公司和工作，始终保持新鲜的想法。当被公司同化，不再将问题当作问题时，拿出当时的记录本仔细阅读，就会再次体会到新员工时的感觉。如果新员工不具有问题意识，那么公司接纳新员工的意义就会减半。

我们小组的新员工进入公司已经一个多月了。在这一个月期间，我几乎没有给他们安排任何业务，只是帮助他们适应组织生活，而没有让他们负责任何工作。我认为应该给予他们充足的时间去融入公司，同时，给予他们思考是否在这个公司中能够实现自己梦想的机会。在这段期间，他们一边帮助前辈，一边观察工作如何开展。通过这一过程，他们可以判断这个地方是否值得自己付出美好的青春。

我给他们三个月的时间，这段期间会和他们进行三次面谈，目的是为了检验他们的探索过程。长时间的苦思冥想不一定能得到好的结果，于是我给他们规定了截止日期。一开始给他们两个月的时间，但后来如他们所愿又追加了一个月，一共是三个月的时间。这段期间，如果他们坚信这就是自己要走的道路，我就会正式接纳他们，并和他们一起走下去。反之，我会帮助他们寻找另一条适合他们的道路。

事实上，我并没有太多的想法就随波逐流地就业了。未来要做什么事情在我看来并不重要，就这样就业了，没有丝毫犹豫。大学一毕业就盲目地走上了这条道路，之后的几年一直过得很快乐，工作不太累，也没有太多苦恼。所有的一切都很新鲜、很有趣，习惯了朝九晚五的生活。那段期间，我沉浸在这种生活中，随地球的转动而转动。

后来有一天，我目睹了一个前辈退休时风风光光离开公司的场景，精神一下子就振作起来了。像这样碌碌无为地生活，未来不会有任何希望，这种危机感就像一把锋利的尖刀刺痛我的心。为了寻找能够证明我存在的那条道路，我彷徨和摸索的时间一直持续了一年零七个月。我为碌碌无为的生活付出的巨大代价，是对我懒散生活的训诫。那段时间总是难以入眠，在很多日子里，即使身体进入睡眠状态，精神也是清醒的。那段时间，我身心疲惫，好像身体和精神处于分离状态。

我不想后辈们重蹈我的覆辙。如果目标不明确，即使面对微小诱惑，也很容易动摇，很难倾注热情。我希望他们能尽快确定自己要走的道路，并期待他们朝着自己的目标努力奔跑。因此，我给予了他们充足的摸索时间。

今天，我和他们进行了第二次面谈。

很遗憾的是，他们还在摇摆不定，颤抖的声音和含糊不清的语气中掩藏着不安。他们说，进入公司实际感受到的组织氛围和想象中的完全不一样。一个想去别的部门，另一个还不清楚，我让两个人都再好好想想。

大部分新员工都满怀憧憬，但又都因为种种理由摇摆不定。他们需要具有现实感，还需要弹性思维。但最重要的是，要尽快找到适合自己的道路，然后充满热情地走下去。

感觉不到自己工作价值的后辈

　　白天我去了一趟研修院，想去确认一下尚日负责的质量教育课程进行得怎么样，顺便见一下在研修院开展工作的组员们。和讲师一起吃了午饭，了解了一下员工的学习氛围，还问了一些其他事情。下午上课后，我和尚日在一楼的休息室谈了谈关于教育课程开展的情况。

　　谈完后，尚日问我："明年我还要负责这个教育课程吗？"

　　我问他为什么这么问，他回答道：

　　"两年来我不是一直负责相同的教育课程吗？事实上，谁都不想负责这个工作，当时前任调到了其他部门，部长让我暂时顶替一下，我无怨无悔地一直干到现在，我现在就不能换份其他工作吗？"

　　尚日的意思是长时间做一件事情感到很厌烦，而且对那份工作丝毫不感兴趣。另外，他感觉不到自己在成长，从现在的工作中，根本找不到任何价值。因此如果继续做这份工作，他会感到有一种落后于其他同事的危机感。

　　"名义上是在教育部门工作的员工，其实做的都是联络讲师、招募教育生、分发教育参加简章、考勤、介绍讲师等千篇一律的事情，以后能有什么竞争力？"

　　他反问道。因为这些事情不需要专业技巧，任何人都可以做，所以他认为对提升自己的能力没有一点儿帮助，因此想做高质量的工作。在年初，尚日就说过同样的话。

　　昨天美静也说了与他类似的话。她说，虽然自己负责的是核心人才培养，但实际上处理的事情不过是拟订支援学员学费和生活费、教材购买费等申请书和汇款等单纯的行政业务。这些单纯重复的事情连她能力的5%都不需要，因此她从自己的工作中找不到任何成就感和满足感。即使这份工作做得再好，对自己能力的提高好像也没有任何帮助。

　　两个人都想从事能够提高自身价值的工作，希望能在工作的过程中培养自己的能力，并从中找到价值和意义。现在他们所负责的工作不受人关注，而且即使做得再好，也不会对自己有任何帮助。还有，这些工作的要求远远低于他们的能力，并且与他们的兴趣相差甚远。

　　有的人运气好，从进入公司那刻起就从事着受人关注的工作，总是风风光光；而有的人负责的工作却没有任何人关心，也创造不出很大的价值，就这样在阴暗角落中虚度美好时光。刚刚进入公司时，两个人的实力相当。从事受人关注工作的人总是很风光，时常会受到好的评价，并且自身价值得到了很大的提升；反之，在阴暗角落中工作的人却经常被人忽视，甚至感觉不到自己的存在。因此，根据一开始所负责的工作不同，员工的职场生涯也会有很大的不同。

　　一开始遇到的情况不同，生活也会不同。这是无可奈何的事实。但是，每个人都可以改变自己的生活，这也是明明白白的事实。没有上司会把重要的工作交给对自己事情不负责的人，机会总是光顾那些有准备的人，因此应随时做好准备。现在你为了向往的工作，做了哪些准备，在上司面前是如何表现的？仅凭诚实取胜的时代已经过去了。在公司中应表现出你的热情和专业性，在现在的工作中应向上司表现出你的存在价值，如果这样做的话，机会一定会找到你。

我给尚日讲了我朋友的故事。他在刚进入公司时负责的业务是公司宣传，想做出口或进口方面的业务，但却没有机会。他的工作是向访问公司的外国客户介绍公司情况。一开始接受这份业务的时候，资料由企划小组拟订，向客户介绍公司情况的工作则由另外一个组长负责。他负责的事情只是制定公司访问日程表并进行汇报、委托企划小组拟订资料及联络负责介绍公司的人选。很快，他就厌倦了这些，他想自己并不是为了这些事情才接受了几年的学习。事实上，前任们的职位满意度非常低，他们没能坚持多久就辞职或调换了工作。

朋友努力地去摸索可以施展自己能力的方法。后来，他知道了材料拟订和介绍的工作由其他小组负责的理由是因为，到现在为止他们小组还从来没做过这些方面工作，而且前任也不擅长英语。他决心自己去做这两件事情，并向上司作了汇报。两个月期间，他为了深入了解公司产品，参加了在公司内开展的教育课程，学员中除了他之外都是开发研究员或工程师。即使对他们来说最基本的内容，对朋友来说也很生疏，理解起来很困难。

因此，他一有空就去请教工程师们。在教育结束的时候，他不仅对产品有了一定的了解，而且和工程师们的关系也非常融洽。

最终，他开始亲自拟订公司介绍材料，并且用英语为客户介绍公司情况。工作内容发生了变化，周围人看他的眼光也和原来有了明显的不同，不仅如此，选后任者的标准也有所不同，职位的档次提高了很多。而且，陪同客户的进出口小组组长看到他的表现后，好几次都提议让他去自己部门工作。

这个故事告诉我们，职位价值是由自己来创造的。我对尚日和美静说，现在对他们来说反而是一次机会。因为虽说现在所做的工作不受人关注，但稍微一努力就会发生惊人的变化。对于两个人的工作没有格外关心，我向他们道了歉，还保证会和他们一起寻找可以将工作做得更出色的方法。

世界上的任何事情都有价值，两个人到现在为止积累的经验将会成为明天更坚实的支柱。再加上两个人的热情和实力，我相信他们终将取得更辉煌的成就。至于明年我该如何帮助他们，还得再深入考虑一下。

我不喜欢背后议论别人

蓝色轮廓的红色卤素文字与乌漆墨黑形成鲜明对比的牌子，给潮湿的天气增添了一丝韵致。外面寒风刺骨，而房间内却温暖如春。优美柔和的音乐绕在房间里。从下午开始天空中就乌云密布，似乎预示着一场大雨即将来临，但一到晚上，乌云就完全淹没在了黑暗中。

政勋、秉国、智胜和我，四个人很久都没有坐在一起喝酒了。我们像平常一样笑着吵闹着，有时会说一些无聊的笑话，有时也会认真讨论我们小组发展的方向问题。

音乐换了，秉国从洗手间回来坐下后，突然说了一句话：

"那个，听说隔壁小组的崔次长总是故意刁难员工。"

"什么意思？"

我放下酒杯，一边撕着鱿鱼一边问道。

"昨天听郑代理说，他对待员工就如猫捕鼠。就算发现报告书中有一个错别字，也会批评一个小时……郑代理不知道挨了多少骂呢。"

说完，秉国拿起了酒杯轻抿了一口。

"我也在场，不仅是郑代理，他们组的组员都称崔次长为'公共之敌'。"

政勋赞同地说道。

"朴科长前几天受到了崔次长的严厉批评，听说昨天向美静诉了一小时的苦。而且朴科长一个一个举例子，告诉美静崔次长是多么的残忍无道。"

智胜传达了美静的话。

"但是，好像朴科长经常对后辈们说上司或同事的坏话啊。前几天还缠住崔代理，对组长的错误决策这件事谴责了将近一个小时，对其他后辈和同事也说了很多组长没有能力的话。不知道说得有多过分，崔代理听完后感觉非常不舒服。"

政勋表情严肃地继续说道：

"或许崔代理是怕他也对别人说了自己的坏话吧。"

"没说我的坏话吧？"

我笑着问道。

"这次你侥幸逃脱了。祝贺啊。"

秉国调皮地说道。但是，我一点儿也不高兴。

在酒场上，上司当然是最好的"下酒菜"。从上司那里得到的压力可以在酒桌上尽情释放，员工们常常聚在一起一边喝酒，一边嘲笑上司的弱点或指出其错误并进行批判。最近在网络上还开设了"谩骂上司"的贴吧，在这里有各种内容的谩骂，还分享了一些小心谨慎的报复方法。有的餐厅还专门设置了适合谩骂上司的房间。这样宣泄后，员工心里就会很舒坦，并获得继续生活下去的力量。后辈们聚集在一起时，我也有可能成为他们津津有味的"下酒菜"。人无完人，因此我也不可避免。

　　问题是组员们经常在我面前批判同事或上司，我不喜欢后辈在我面前说其他小组同事或上司的坏话。不仅仅是因为听到别人的谩骂或指责很不愉快，还因为我完全可以推测出如果我不在，他们也会抱怨或指责我。在我面前谩骂上司或同事的人，我不在时，一定也会说我的坏话。

　　但是，如果我们组员中有人在我面前指责上司的行动或决策，应该怎么办？要和他们保持步调一致吗？对他们的坦诚鼓掌以示鼓励，也跟着他们一起批判上司吗？要和他们一起津津有味地咀嚼"下酒菜"吗？那么他们一定会把我当作统一战线的战友吧。如果那样，我的上司就成为了我们的"公共之敌"，而我应该就算是抗敌的首领吧？那么接下来呢？后辈中也会出现批判我的首领吧？后辈们不都是模仿前辈的行为吗？无论好坏，传统都会被继承下来。

　　但是，如果我不同意他们的意见，支持和捍卫上司的行动或决策，或许他们以后在我面前会缄口不言。我也会被划分为生活在与他们不同世界的领导集团的一员，会被断绝关于他们世界的一切信息。他们会认为我是领导集团的走狗吗？那么应该怎么做呢？如果一方面对他们的意见表示赞同，另一方面替上司申辩，会怎样？这要视情况而定，但不管是什么情况，我都不想和组员一起指责上司。啊，不好办。该怎样做呢？

　　《论语·阳货》篇中写道，弟子子贡问孔子："君子也有厌恶的人吗？"孔子回答道："有厌恶的人。厌恶宣扬别人坏处的人，厌恶身居下位而诽谤在上者的人，厌恶勇敢而不懂礼节的人，厌恶固执而又不通事理的人。"

　　孔子都厌恶诽谤别人的人，何况是像我这样的普通人呢？

有我在就不方便

从上周开始，组员们下班就很晚。一直进行中的项目进入了最后阶段，需要整理的工作很多，再加上新员工教育刚刚开始，所以他们忙得不可开交。我留下来虽说帮不上什么忙，但组员们辛辛苦苦工作到很晚，只有我早早地下班，这让我很愧疚，于是选择和他们一起留下来。今天可能有教育培训课，智胜和秉国来来回回穿梭于授课场所和办公室，忙于搬教材和资料。他们开关门的声音、跑步的声音持续了好长时间。授课场所不时传来一阵阵欢笑声，新员工好像在开展小组活动。他们接受教育培训的教室在大楼的最东侧，而我所在的办公室在最西侧，距离相当远，但年轻而又充满活力的声音穿透了墙壁和建筑物，传入我的耳朵内。他们完全沉浸在了大学毕业后开始新生活的激动与兴奋之中，朝气蓬勃的青春气息让我很是羡慕。

新员工一阵吵闹后，一出大楼，办公室又恢复了日常的寂静。灰尘回到了原来的位置，空气也重新开始有秩序地运行。我们整理完办公室，一起走向公司附近的酒吧。虽然明天一大早就要开始忙碌的工作，但大家还是决定去放松一下。实际上，他们从年初开始就一直加班到很晚，因此我想慰劳一下辛苦的组员们。大家一起干了一杯酒，忙碌的一天中积累的饥渴感好像顿时消失得无影无踪。我们畅所欲言地聊着工作上的事情、生活中的趣事及明星八卦等各种话题。本以为会心情舒畅地结束一天时，秉国突然说了一句话：

"组长，您周末就不要来办公室了。虽然我们明白您的心意，但是我们很不方便。"

他说，"周末想安心工作，如果我在，大家反而会更费神。"组员们周末还要加班，我心里很过意不去，想和他们一起分担痛苦，但他们居然感觉不方便。组员们休息日上班或熬夜加班，而领导却独自休息或早早下班，我认为这不符合常理，但组员们却不是这么想的。他们说，我早点下班才是真正为他们着想。如果有什么需要帮助的，打电话询问一下就可以了。我的心情很微妙，分不清他们说的是实话还是玩笑话。

有一名部长几乎每周周末都会去上班。他说，自己只不过是为了静静地思考一些问题才来办公室的，让大家不要太在意。但下属员工和组长们却认为，部长去上班而他们若是不去，很难说得过去。我理解他们的感受，但绝没想到对于组员来说，我其实和那位部长也一样。

几天前，我曾在某本杂志上看到一个以职员为对象的问卷调查。针对"工作生活中什么时候最高兴"的问题，调查结果如下：第三位是发工资的日子；第二位是公司中有自己喜欢的人在；第一位是上司不在的时候。由此看来，上司不在才是对组员最大的帮助。说是留下来帮助组员，结果只给他们增加了负担。

包括我在内的许多领导者为了激励和安慰组员，经常和他们一起工作到很晚，然后和他们一起吃夜宵、喝酒，还经常放弃休息日和他们一起加班。但是，组员们却说不方便。为什么这样呢？因为在休息日还要看上司的眼色，还因为晚上许多同龄的组员之间有许多要说的话，如果我在，他们就没有那么随意了。一起喝酒、熬夜、加班，或许开始会认为这样的领导和蔼可亲。但是就算领导不在，同样会有同事和他们一起分担苦恼。就算我不在，同样会有人陪着他们去喝酒，因此他们不喜欢和组员经常混在一起的领导。

那么，什么才算是为他们着想？为了能让他们安心工作，管理者要尽可能地从他们身边消失吗？管理者在关键时刻不在，难道才是真正为他们着想吗？

孤独的万兽之王

　　动物王国的统治者老虎意识到自己有很多不足之处，因此它想听一下别的动物对自己的忠告。于是，它问猴子：

　　"你是我的朋友吗？"

　　猴子回答道：

　　"当然了，无论何时，我都是您忠实的朋友。"

　　老虎说道：

　　"那为什么我犯错的时候，你都不给予我忠告呢？"

　　猴子想了好半天，小心翼翼地回答道：

　　"我是您的下属，应当无条件服从您的指示，因此从没想过要指出您的错误。您去问一下狐狸吧。"

　　老虎找到狐狸问了同样的问题。狐狸眼珠滴溜溜转着回答道：

　　"猴子说得对。谁敢指出老虎大人您的错误啊。"

　　"员工们不爱对我说真心话，就算说，也只会说一些花言巧语。真不知道他们到底在想些什么。"

　　昨天为了商议员工培养方案，我去拜见了崔常务，他满腹牢骚地说了上面那一番话。他还说，职位越高，与下属的关系就会越疏远，也就感觉越孤独。就像"高处不胜寒"这句话说的一样，我经常听到领导者说自己孤独。站在员工的立场上来看，他们不想说一些令领导不愉快的话语。因为怕万一惹怒了领导，自己也得不到任何好处。因此，领导和员工之间就好像产生了一道无形之墙。

公司上周公布了高级管理人员的领导力评估结果。我问了一下负责这次评估的隔壁小组金科长，他说满分 100 分，而领导们几乎都得到了 85 分以上。有记述优点和缺点的项目，但几乎没有人写缺点一项。就算有，写在缺点一栏的内容也含糊不清，不知道写的是真的缺点还是优点。给予上司评价，特别是否定评价，不是那么简单的事情。再说是无记名反馈，也不想给上司带去丝毫不快之感。因此，谁会坦诚评价呢？

最近，我们出于各种各样的目的，经常对员工进行问卷调查。但是，评价分数的最高值一直在刷新，职位越高，平均分数就越高。无论是什么问卷调查，公司的平均分数就意味着对公司负责人的整体评价。问卷调查一结束，公司间就争相比较，分数低的公司负责人则会追究中层管理者的责任。这么一来，下次问卷调查时，中层管理者就会对员工说"你们自己看着办"，从而施加无形压力，公司的分数自然而然就会提高，公司负责人也会喜笑颜开。因此分数在每次问卷调查时都会因竞争而提高。与公司负责人评价无关的问卷调查都如此，何况是针对管理者的领导力评估呢？

我们组的组员肯定会对我隐瞒一些事实。我向部长传达时同样会有一定的隐瞒，而部长向常务汇报时也会如此。如果组员的真实想法为 100，而我知晓的大约为 70。向部长传达时，我会过滤 20，只汇报 50。而部长也只会向常务传达 20 或 30。就像污泥经过几次过滤后去除残渣只留下净水一样，如果沟通被净化，留下的也只是美言。因此，从上面看下面的风景总是很美丽。常务通常以 20% 至 30% 的事实为依据作出判断或决策。

常务也有过普通员工的经历，也不是完全不知道底下员工的情绪，但是渐渐听惯了美言，远离了那种情绪，最终被孤立起来。依据有限的信息作出与员工有关的决策，往往很容易违背员工的意愿，由此一来，与员工又远了一步。一旦开始了远离员工的空中悬浮，就会感觉到越来越孤独，越来越寒冷。只有双脚踩在坚实的大地上，才能感受到大地的气息，不再孤单寂寞。

应该如何做，才能不远离员工？

首先，通过频繁接触，维持与员工间的亲密感。人终归是个别的存在，所以只有双方关系亲近了，才能打开交流的通道。个别接触首先应从坦诚相待开始做起。在商议事情的过程中，顺便进行一下感情交流，这样可以做到一石二鸟。为了增加亲密感，虽然可以利用会餐或酒场等下班后的时间，但最重要的还是要在工作的过程中增进双方的感情交流。工作期间一直让员工不顺心，难道用酒就可以弥补隔阂吗？

其次，倾吐心声。只有敞开心扉，他们才能走进我的内心。不隐瞒我的真实感受和情感，知道就是知道，不知道就是不知道，对他们实话实说。只有这样，才能获得彼此的信赖。

再次，竭尽全力帮助他们成长。无论是谁，只有感觉自身不断成长时，才会对工作倾注热情。如果我能成为他们成长路上的指明灯，和他们的关系也一定会更上一层楼。

最后，保持均衡，不偏重任何一方。不要表现出"对上软弱，对下强硬"，对上司要有主见，对员工要和蔼可亲。如果总是看上司的眼色行事，只会和员工的关系越来越疏远。

到点就下班的后辈

今天世源和金圣珠又早早下班了。钟表指针一指到六点，他们就噌的一下从座位上站了起来。我正在审核下周要汇报的资料，他们突然过来打招呼，说有事要先下班了。其他组员们还依旧在忙碌地工作中。从办公室氛围来看，根本推测不到现在已经下班了。或许正因为如此，两人也面露羞愧之情。我一边说着"辛苦了"，一边挥手告别。虽然面带微笑相送，但我心里却很不高兴，因为我希望他们两人今天能多工作一会儿。两个人负责的工作一直在推迟，质量也达不到我的期待。因此，我希望他们能再补充一些资料，多思考思考，同时还期待他们能管理好自己的日程，按时完成工作。

但是两人一到点就下班，周末或休息日就算有天大的事也不会来公司加班，完全的精神享受者。而且，他们还认为"在上班时间能按时完成工作固然好，但如果完不成，又有什么问题呢"。因此，他们很少在规定的时间内完成工作，即使能完成，水准也常常达不到我的期待。今天是不是该问一下他们"工作这么忙，去哪儿啊"或者"几天后要汇报的资料不应该再慎重思考思考吗"，但毕竟已经到下班时间了，他们还有自己的约会，我也不能说些什么。

　　难道他们的时间观念和我不同？或者这只不过是因为管理者和员工的角色不同而发生的自然现象？他们好像把公司的规定看作是参考事项，而不是一定要遵守的基准。因此即使工作超过规定日期，他们也认为没什么了不起。在他们的意识中，好像根本就没有截止日期这个概念。

　　"不是按时间去工作，而是按工作安排时间。"

　　我想起了韩科长对组员说过的一句话。组员如果没完成工作就想下班，他就会大声斥责，"虽然到下班时间了，但今天工作还没完成，怎么能早早地下班呢"。他的意思是，并不是只在规定的业务时间内工作，而是根据工作量合理调整时间，以确保按时完成工作。这是一个以质取胜的时代，如果只在规定的时间内工作，会在竞争中落后于他人。我希望每个员工都能对自己的工作负责。难道还要每天检验组员们的业务进行状况吗？我很苦恼。不能像韩科长那样坦率说出心里话，我简直心急如焚。

　　明天我得找他们好好聊一聊，关于按时完成工作的重要性和责任感。

虽说胳膊肘往里拐

今天上午碰到产品开发小组的一名研究员。我们一起谈了谈关于组织结构和领导力的问题，不知不觉又谈到了他们小组一位领导的事情。那位领导一年前从部长升职为高级管理人员，但他在制定产品开发日程时，总是优先考虑自己原来管理过的部门。

开发一个产品时，需要许多部门的同时参与，因此要考虑到各部门的业务特征和状况来制定整体的开发日程。但是整体开发日程总是很紧迫，所以如果某个部门在不得已的情况下不能严格遵守日程时，必须依靠其他部门挽回那些时间。当然也可以调整日程，但是一般情况下，各个小组会相互监督鼓励以确保在规定时间内完成工作。在开发部门遵守与客户约定好的日程是最重要的一项任务，所以时间总是很紧迫。再加上，新产品开发还需要新的配件和新的工序，因此各部门按时完成工作实属不易。

在这种情况下，那位领导对自己管理过的部门总是很宽松，即使部门推迟日程也会表示理解，但却从不考虑其他部门的情况，严格要求、反复催促，这引起了员工极大的不满。还有，在产品开发过程中如出现任何问题，他总是在除自己部门外的其他部门寻找原因，并要求他们给出解决方案。新产品开发过程中发生的问题，不是起因于某一个部门，而是由于各个部门相互交织错综复杂的原因，他作出这样的决策更是让员工们愤愤不平。由此一来，员工们都认为，他太过于偏向自己管理过的部门。

许多领导者在对自己熟悉的事情作决策时，会根据实际状况，决定带有弹性。但是这样的决定很容易折射为偏爱特定组织。拿那位领导的情况来说，比起其他业务他更能理解自己从事过的工作，我在想这也许是一种自然现象。慢慢地熟悉，并开始深入理解其他业务时，情况也许就不同了。

下午，我问美静，平时我给人的印象是不是特别喜欢或偏爱某人。

"哈哈哈哈。当然了，组长！"

她一边大笑一边说道。但她认为，我表现的其实并不明显。

平时总对组员们说我爱憎分明，但听到这句话的人肯定是我喜欢的人。虽然没有直接说"我喜欢他们"之类的话。有句话说得好，"十个手指头，咬哪个哪个疼"，这是事实。但疼的程度肯定是不同的，这同样也是事实。不知道什么原因，有些人总是很吸引我。可能是因为和我一起工作了很长时间，还可能是因为对我很亲切或曾帮助过我。但是，我更喜欢对自己的工作认真负责的人，自己负责的工作即使我不介入，也能出色地完成。对于这种人，我非常信赖。

首先需要信任一个人，才能信任他所做的事情。反之，因工作失误让人失望的员工很难获得领导的信任。一个人即使随和可亲可如果反复犯错、对自己的工作不负责，最终也会让人厌恶。如果信任了一个人，即使他的主张是错误的，也会无条件支持他。不是有句成语叫作"爱屋及乌"吗？

如果喜欢一个人，就会喜欢他的一切。

就如同"胳膊肘往里拐"这句话所说的一样，人们更容易被和自己一起工作过的部门员工吸引，对他们会更加理解。这样的人在身为领导之前会是一个感情丰富的普通人，这种现象也许体现的就是人的一种本性吧。但是身为领导要保持均衡性，不能刻意偏向某一方。我很清楚，这说起来容易，做起来很难。

但是，这也是区分优秀领导和拙劣领导的标准之一。领导者不可能只凭阿谀奉承的人，或曾和自己工作过的部门员工来获取出色成绩。只有更多的员工参与和投入工作，才有可能达成期待中的成绩。由此可见，领导者应该平等待人，不可偏向任何一方。

"爱憎分明"这句话听起来好像是在赞美一个人，但在职场生活中需要特别注意。领导者有必要用理性节制情感的表达。

明年该做些什么才能赚到钱

为了制订我们部门明年的业务计划，在研修院召开了管理者研讨会。昨晚凝结的空气充满了整个教室，每次吸气时干涩的空气都压迫着肺部，茫然的不安感急袭而来。心脏突然像被绳子紧紧勒住了一般，血液艰难地流淌着。

每年一到这个时候就很头疼。将近岁末的时候，就必须要考虑"明年该做些什么才能养家糊口，或者说，明年该做些什么才能赚到钱"。又到了压迫感最严重的季节了，因为必须要找到与今年不同、惊世骇俗、引人注目的方案。明年做些什么才能对经营成果作出贡献，才能让别人注意到我们的存在？这是组织领导者应该创造的一个最重要的课题，对于新上任的管理者来说，也是一项艰巨的任务。

身为普通员工时，上司确定大方向后，我只需按照他的吩咐拟订资料，然后提交给负责人。但是从这次开始，我要参加管理者会议，制定我们小组发展的方向。

第一次参加研讨会，关于创造明年突破性产品的负担越来越大。绞尽脑汁地想了几个小时还是没有想出富有创意的方案。休息时间，我们在外面吹着风、吸着烟，脑袋里还是没有冒出什么想法。现在只停留在罗列出平时工作中思考过的内容和开展过的项目，想要寻找出惊世骇俗的方案还需要更多的阵痛。我们工作到很晚，一直在查看有关各事业部门的要求和经营问题、员工要求的分析材料，但最终还是一无所获。今天只好作罢，我们决定这周各自再深入思考一下，下下周重新召开会议继续商讨。

　　会议结束后，我们一起去喝酒。一整天神经都处于紧绷状态，口干舌燥。浸湿嘴唇的啤酒以迅猛的速度滑进肚子中，啤酒颗粒在充满热气的胃脏爆炸开来，发出凉爽的悲鸣。接二连三地喝了几杯，身体才暖和起来。口含啤酒泡沫的我们，继续探讨着有关明年做些什么才能赚钱的问题。都市沉浸在无边无际的黑暗中，我们在深夜吐出的词也被淹没在黑暗的天空中。

我也想给所有员工 S

　　被称为领导者的坟墓、最严酷的考验期的人事评估最终来临了。人事评估是对一年间员工所取得的成果和个人能力进行评价，评估等级会对提薪、升职产生直接影响，因此可以说是一项非常敏感的提案。特别是，如果得到最低等级 C 或 D，不仅个别奖励少，而且今后几年间升职的可能性也不大。因此在这一时期，员工的反应也很敏感。

　　成绩评估依据下列方式实施进行。首先个人利用 e-HR 系统对自己的成绩和能力进行评价，然后中层管理者进行第一轮评价后，最后公司负责人作出最终评价并确定评估等级。我对组员拟订的自我评估内容一个个地仔细阅读。在自我评估中，首先需要罗列出年初制定的个人业务目标，然后在下面一目了然地整理出在这一年中所取得的业绩。大家都仔细地把这期间的收获和自己的能力及优缺点记录下来。在右边各目标的达成程度用上 (high)、中 (middle)、下 (low) 来进行评价，大部分都选择"中"，只有两名员工在"上"后面打了对号。

　　如何汇报自我评估结果才好呢？到现在为止，我从来没有用"上"来评价过我的成绩。如果评价分数为 5 分，我通常会给自己打 4 分或 3.5 分；如果用上中下来评价时，我总是会选择"中"。有时我也会坦率地写上自己并没有取得很大的成绩，看起来稍微有些谦逊。但是与我的评估报告无关，热情工作总是会得到好的评价；反之，得到的评价也会很低。看到用"上"来评价自己的两名员工时，我"扑哧"笑出了声。当然，他们两人在一年中非常努力地工作，并且也取得了出色的成绩。在我看来，虽然是很合理的评价，但毫不谦虚地表现出自己努力的样子看起来很可爱。

一到评估季，组长们的压力都会很大，严重时会受到偏头痛和不眠症的折磨。昨天一名组长对我大吐苦水，偶然有一次听到后辈们谈论评估结果，他们对自己得到的评价非常不满，并表示强烈的愤慨。他顿时感到很惶恐，也很难堪。

任何一个组长都想给予组员好的评估分数。没有哪个组长愿意听到组员们的埋怨。但是没有办法，他们必须给予某个组员好的分数，而给予其他组员相对较差的分数。在以组长为对象的领导力教育中，参加者的问题和请求、埋怨的声音，大部分是与评估有关的教育。连进行解答的人事组长有时也很困惑。问题和不满主要包括"为什么要强制分配 C、D 等级的比例""怎样做才能使员工的不满达到最小化"等。没有特别出色的员工，也没有很差劲的员工，但即使如此也必须通过相对评价分出优劣，他们吐露着内心的痛苦。

评估结束了，但是关于公正性的是非却接连不断。某个就业网站中以男女职员为对象进行了一项调查，从结果来看，对于人事评估，10 个人中有 6 个人认为对自己的评估不公正。但是，75% 的评估人却认为整个评估过程是公平公正的。我们社会的情况也是如此。对于没有达到自己期待的评价，人们就会三五成群地聚在一起，发泄积愤。

有一名后辈曾向我吐露过对评估结果的不满。他的组长在平时和他对话时，总是毫不吝啬地夸赞和激励他，说他工作做得很出色，能力提高的速度也很快，但是最后却给予他完全意想不到的评估等级。令他更生气的是，平时总是被组长说工作做得不好、态度有问题的同事，得到的评价却比他好。因此，他对组长感到很愤慨，完全丧失了工作的热情。如果组长平时对他严格要求，也许现在就不会这么生气。现在，他讨厌和组长有关的一切。将对组长的信任完全扔到了垃圾桶里。

人事小组为了确保评估的公正性也倾注了很多努力，但确实不易。当然，如果能够制造出一个可以准确反映与成绩有关的所有要素、并且能够与员工的主观判断保持一致的完美系统，一切问题都会迎刃而解，但是制造出这种评估系统简直难如登天。因此，如果评估人不具有强烈的责任感，那么就不会存在公正的评价。因为无论拥有多么完善的评估系统和制度，最终需要由评估人进行综合评价，并且直接定评估等级。评估制度即使制定得再完善，如果不能正常运行，评估结果也会被歪曲。因此，评估人要具有强烈的责任感。

做一个出色的领导者真的很难。一百次决策，即使有一次失误，所有的一切也只会功亏一篑。这也许就是领导者的宿命。即使是与领导关系密切的员工，也会认为成果评估是一场暴风雨，因此领导者在平时就要维持客观性，不要随意给予员工美好的希望。领导也是普通人，因此也喜欢听阿谀奉承的话，也喜欢支持自己意见的人。但是，领导者如果在平时就失去了公正性，那么也会失去发挥领导力之本——信赖。因此，一定要慎重进行评价，没有信任的领导力很难使组织正常运转。

　　成绩评估，真的很难。我的内心总是忐忑不安，不知平时日常管理是否做得好，或者是否给员工播种了希望的种子？明天还要与员工进行面谈，头痛悄然袭来。

时间越长，下决定就越难

为了对明年派往海外分公司的员工进行预先培养，我和宋代理一起商议项目设计草案。公司内部并没有可参考的资料，而具有类似项目的其他公司与我们的情况又截然不同。我们首先拟订了两份草案，然后分析各自的利弊。如果选择 A 方案，有几处不足的地方；如果选择 B 方案，经济上又有些困难，真是伤脑筋。为了找到两全其美的方案，我一直在冥思苦想。

"还是作个决定吧，不然又要熬夜了。"

宋代理说道。他或许认为我对"微不足道的事情"都难以决定，只是白白浪费时间。我在身为组员时，也是如此，时间越长下决定就越难。瞻前顾后，举棋不定。因为作决策就意味着对事情的结果负责。这样做真能万事大吉吗？或者会不会产生不良结果？我认为不错的意见，部长会满意吗？难道就没有比这更好的方法了吗……在作决定的瞬间会产生各种想法。提案愈是重要，作决定就愈发艰难，就更应该慎重考虑。有时也会引起后辈们的不满，"作为领导为什么这么没有决断力"。每当这时，我就想大声地对他们说"你来试试"。

我很羡慕能够当机立断的人。怎么能这么简单就作出了决定，难道是因为胸有成竹？还是因为这不过是积累的经验和知识的产物？当然身后还有部长做我坚实的后盾，所以多少会有些安心。我希望我也能果断作出决定，并信心十足地推进工作，看来这还需要一定的时间。

回首过去的一年，展望未来的一年

新媳妇腌三十次泡菜就成为老太婆的人生。如果没有生命的终止，人们就不会惜时如金。岁暮之情，只有日趋衰老的人才深有感触，余下的岁月越少，一年更如昙花一现。

——《送年》

"新媳妇腌三十次泡菜就成为老太婆的人生"，这句话触动了我的心灵。一到这个时候，我就会拿出通讯录，一个个叫出与我结缘的朋友们的名字。有一年前看过后今天第一次见的名字，也有越来越生疏的名字，昨天刚通过电话的朋友的名字也异常醒目。我还发现了令人惊喜的名字，那种感觉就像找到了很久前夹到书里的私房钱一般。翻看着这一个个名字，和他们在一起的美好回忆一下子涌上心头。我不由自主地发出感叹。现在朋友们在做些什么，好奇心驱使我拿起了电话。一开始因很长时间没联系显得有些尴尬，但很快就恢复了亲密感，就像昨天刚见过面似的。

日历翻到了最后一页。不知不觉，一年就这样悄无声息地流逝了。过去的一年将被贴上"记忆"的标签，我们准备好行装朝新的一年前进。回首过去的一年，发生了很多事情，也多亏好心人的帮助，才使我顺利地度过大风大浪。感谢所有的人。我好像是个很有福气的人，第一次担任管理者这一路虽然磕磕绊绊，但在部长和同事、后辈的帮助下，没有出现任何六问题。这一年组长的经验将是我人生中最宝贵的财富。

一开始，很迷茫，也很紧张，一天中会犯很多错误，我也时常自我安慰，如果再遇到相同状况，一定会比现在做得更好。几乎每天失误不断，但到了成熟的季节——秋天，失误的频率开始减少，甚至有几天我也会感觉做得很不错。那时心情很好。哪怕是今天比昨天进步一点点，也会心满意足。过去的一年虽然就像第一次织的乱七八糟的毛线手套般，但也不算太差，甚至会对自己创造出的作品感到很自豪。当然一想到因我管理不当受到伤害的后辈们，我也会感觉很惭愧、很内疚。我暗自下定决心，明年一定要织出一副漂亮的毛线手套。

一到每年岁末的最后一周，除了回首过去的一年、整理通讯录、感谢帮助过我的人外，我还要做两件事情。一件是将明年需要记住的事情记在笔记本上。我拿出上周刚买的笔记本，进行整理。将月度日程表中所标记的一些朋友的生日或纪念日，家庭中的重要活动，以及一定要去做的事情，仔细地抄到新笔记本的日程表中，重要的日程用粉红色的荧光笔标记出来。看着这些日程，有一种光阴似箭的感觉。还没开始的新的一年好像也已流逝，这种感觉让我沉浸在伤感中，"再过一年，父亲就七旬了……"

日程整理结束后，最后为明年写一些便条，将他们夹在一打开笔记本就可以看到的透明衬纸中。便条内容如下。

"每天拥有只属于自己的十五分钟，反省作为管理者的一天。"

"读三十本好书，整理后珍藏。"

"每周写一篇文章，收集在一起，年末的时候编成一本书。"

"写两篇论文并发表。主题为革新和成长，以及领导力。"

"设计和开发'我的梦想革命项目'和'我们小组革命项目'等两个研讨会项目。"

"开通主题为革新和成长、领导力的博客，和世人一起交流分享。"

"竭尽全力帮助小组成员实现他们的梦想，他们的成功就是我的成功。"

"和家人一起一周去旅游一次。"

为了实现这些，还要做到以下几条。

"要确保早上抽出两个小时读书或写文章，不受任何人打扰。"

"为了身体健康，一周打三次网球。身体是革命的本钱。"

"减少贪嘴，健康饮食。"

"工作日不喝酒，杜绝无意义的约会。如果牵涉到工作，不可避免的情况下，必须保证一轮就结束，不过度饮酒。"

每年都会为新的一年写一些便条并表决心，却经常会因为各种各样的理由没有遵守。但是，想到在过去的一年努力运动或认真读书的种种瞬间，我就会喜上眉梢，感觉心满意足，甚至想自我称赞。为了实现计划，我保证杜绝无意义的约会，遵守工作日不喝酒的原则，以及通过运动保持身心健康的约定。

努力培养我的专业性、提升作为管理者的经验和吸取智慧所需的养分，充实地度过每一天。终有一天，我将登上高峰、俯视万物。一想到此，我就心潮澎湃。

只有当了领导，才能体会领导的辛酸

有句话叫作"只有当了父母，才能体会父母的辛酸"。如果将"父母"两个字换为"领导"，也同样说得通，"只有当了领导，才能体会领导的辛酸"。看起来好像整日无所事事的领导，一旦真的坐到这个位置，才知道这是与从组员视角看到的截然不同的世界。必须拿出成果的压迫感紧紧勒住了我整个身体，一旦开始新的项目，数日都难以入眠，经常到凌晨才勉强入睡，总是颈背酸痛。

除了工作，还常常为和我想法不一致的组员伤透了脑筋。大部分组员都会朝着领导期待的方向努力，但有的组员却不这样。有时候即使方向没错，但总也拿不出我期待水准的成果。带领达不到期待水准的组员和令人头痛的组员，还必须拿出公司所希望的成果，领导者的这些苦衷，不亲自经历永远不知。而在新手时期，因为生疏会更加痛苦。

我身为普通员工时好像也没少让领导们费心，曾固执地坚持自己的想法，打乱上司的计划，有时还明目张胆地反抗过他们。对于我这些行为，他们总是面带微笑，接受我的意见再或者耐心给我解释。当时我在想，"管理者也不过如此"。但是，我坐上领导的位置不到一周，就彻底理解了他们的心情。我的组员中也有如曾经的我一样令人头痛的家伙，"带领像我这样的员工工作，他们该有多辛苦啊"，这种想法一直敲打着我的脑袋，立时振作起精神。我向部长吐露了心声，他当时只是"呵呵"地笑着。从那以后，我见到曾经的领导都不禁肃然起敬。像我这样令人头痛的家伙，他们都能管理有方，仅凭这一点，这些领导者就可以称得上伟大。

　　我对管理工作依然生疏。但是就算在这条路上跌跌撞撞，我也不会放弃，会坚持走下去，因为我遇到很多优秀领导，永远是我前进路上的指明灯。真心感谢他们的教诲。